T0065275

UN SUEÑO
SIN SUEÑO

UN SUEÑO SIN SUEÑO

Joe Benavides

Para realizar pedidos de este libro, contacte con:
Palibrio
1663 Liberty Drive
Suite 200
Bloomington, IN 47403
Gratis desde EE. UU. al 877.407.5847
Gratis desde México al 01.800.288.2243
Gratis desde España al 900.866.949
Desde otro país al +1.812.671.9757
Fax: 01.812.355.1576
ventas@palibrio.com
731396

ÍNDICE

Este libro esta escrito para motivasion personal tratando de abrir la mente de quien este dispuesto en aprender lo que significa tener un sueno.

PROPOSITO

Piensa en la vida familiar, procura el exito. As tu sueno realidad. Mi passion es llamar la atension a todo aquel que este dispuesto a ser un emprendedor, que mire lo que es la vida llevando un control con tu futuro.

PARA CERRAR

Quiero darle las gracias a todos por su Apollo, es un placer compartir un poco de lo que fue mi vida y lo que es hoy. Puedo entender que todos en alguna ves pasamos por tribulasiones muy dificiles en la vida. El ser yo el autor de este libro me hace sentir orgulloso de mi mismo. Mi vision para el futuro es algo grande algo que lo tomare con calma. Mi passion es de orientar a quien este dispuesto a desarrollar su sabiduria e inteligensia.

Gracias mil.
Autor.
Joe Benavides

CAPITULO 1

La Vida Propia

Que es lo que buscamos en la vida? Para donde bamos sin tener una meta, o un sueno propio? Esto es algo que todos nosotros deveriamos pensar, todos andamos en este mundo sin siquiera estar seguros que es lo que queremos. Si nos bamos a basar en lo que el besino dice, o lo que la gente dice. Nunca bamos a poder progresar en nuestra vida diaria, en verdad la vida no tiene porque ser de esta manera.

Nos metemos en problemas y para donde bamos a buscar ayuda?

Con el vesino, el hermano, o nos quedamos alli estancados esperando que es lo que pasara en seguida. Claro que no! de pronto y suceden las cosas corremos a buscar alluda. Mas de una ves hemos atendido a buscar alluda de abogados, dependiendo que tan grave es el problema. Algunos atendemos a la iglesia donde atendemos, otros atendemos a la familia. Esa es una de las cosas que fundo Dios, La Familia.

Sin una familia no hay nada en nuestras vidas, estamos ablando de hijos e hermanos y padres. Todos savemos que ay un padre eterno y nuestro padre tiene un hijo que se llama cristo. Los cristianos buscamos a CRISTO antes de ir a Dios, asemos esto porque nadie ba al padre sino es por Cristo. La propia biblia lo dice asi, se que la mayoria de nosotros savemos que asi lo escrivio Dios. Muchos de nosotros aclamamos a Cristo cuando nos pasa algo o estamos en peligro.

Cuantos de nosotros estamos viviendo una vida como queremos, una vida en abundansia? Para tener una vida en avundancia tenemos que empesar con aser algunas cosas para un lado, dedicando un poco de tiempo a leer un libro, o escuchar una gravasion que nos sera de ayuda propia. Estamos en un tiempo donde ya nada es imposible, todos tenemos television en nuestros hogares todos tenemos inter-net en nuestros telefonos celulares. Recuerdo cuando yo era joven salianos de casa y si nos tardavamos mas de lo que pensavamos le poniamos una moneda al telefono de la esquina y llamavamos a nuestro hogar para darles a saver que todo estava bien y en unos minutos llagabamos a nuestra casa. Eso era el modo de comunicasion en esos tiempos.

La palabra celular no existia, la palabra internet tampoco existia, la tecnologia a llegado muy lejos comparada a lo que teniamos en esos años. Y todavia asi en esos tiempos hubieron mucha gente que pudo desarollar diferentes modos de trabajar con el publico. Hubo grandes escritores, personas savias que por ellos tenemos ahora la tecnologia que tenemos hoy en dia. Cuantos de nosotros hubieramos querido tener a nuestro alcance las cosas que tenemos hoy. Yo bengo de los años donde no abia Cable en los hogares, tan solo dependiamos de una antena en las asoteas de los hogares. Hoy en dia no ay ninguna escusa para aser lo que queremos en nuetras vidas, si no asemos es porque en verad estamos ya impuestos a vivir como estamos. Yo miro el futuro de distinta manera, de distinto modo

Todos necesitamos un plan para tener o vivir una vida mejor y un porvenir mejor. Cuantos padres estarian dispuestos a darles a sus familias lo mejor, o poder ofreserles algo mejor de lo que ya tienen.

Yo como padre e echo todo lo que puedo para darle un mejor vivir a mi familia, a la unica hija que yo tengo. Como yo hay muchos padres que an echo lo mismo, dejan de comprar un pantalon nuevo para darle a sus familias primero que a ellos mismos. Dios mira todas estas cosas que hacemos para nuestras familias, Queremos bendisiones de parte de Dios? cuidemos de nustras familias! Nuestros hijos dependen de nosotros asi como nosotros dependiamos de nuestros padres cuando eramos ninos. Recordemos que Dios da en abundansia cuando asemos lo bueno. Dice Dios Pide Y Se Te Dara, Todos mas de una ves le hemos pedido a Dios sierto o no? y cuantas de esas veces le hemos dado gracias por ello?. Demosle gracias a Dios por lo que el nos da aun sin merecerlo. Dejemos de pedirle tanto para nosotros y pidamosle por los demas, demosle gracias por nuestras vida y por cuidar al mundo entero.

Aprendamos a ser agradesidos con lo que ya tenemos en nuestras vidas en nuestros hogares por nuestras familias. No soy una persona muy religiosa pero a aun le temo a Dios cuando yo se y miro que ise algo que no deveria averlo echo. Le temo a mi creador asi como el me dio la vida de tal manera el me la puede quitar, no olvidemos que esta vida que aun tenemos no en de nosotros, solamenta la tenemos prestada. tenemos una vida pasajera solo bamos de paso en esta vida.

Algunos de nosotros somos ventajosos y aprovechamos de la grandesa de Dios, tomemos en cuenta que si no ponemos cuidado en nuestros echos diarios podria aver consecuencias.

Yo e pasado por mas de una experiensia en mi vida, e tenido todo y lo e perdido. Nesesitamos tener cuidado en lo que hacemos y lo que desimos. En el cielo ay alguien que lo mira todo y escucha todo, de igualmente nesesitamos tener cuidado en lo que le pedimos a el creador. Espero que este libro les sirva de ayuda a quien busca ayuda en saver un poco mas de lo que ya savemos, porque la verdad no todos nasemos ya sabiendo todo. Todos nosotros en un momento nesesitamos aprender de alguin mas, ya sea un maestro de escuela, un amigo, o una persona profesinal que ya tiene tiempo asiendo presentasiones de educasion. Yo personalmente me gusta leer libros que se traten de educasion sobre negosios o simplemente de motivasion personal. La mejor manera de poner lo que ya sabemos es ponernos a trabajar ensenando personas que les interesa aprender mas de lo que ellos saven, podemos desir que savemos pero si no practicamos lo que aun emos aprendido no sirve de nada. eso ya seria como comprar un dicsionario y nunca abrirlo, ese libro permanesera nuevo para siempre. Un maestro de escuela no se presenta en clase y permanese sentado todo el dia asta la hora de ir a su casa! Yo soy una persona que si me inetersa algo y no se como se hace o no entiendo de que se trata, yo pregunto para saver que es lo que esta susediendo ay cosas en la vida que ni siquiera nos llama la atension, podriamos tener todo el estudio del mundo pero sin practica no nos sirve de nada. En la vida es mas humilde el que no save que el que save y no enesena. Yo no soy una persona estudiada pero lo que se lo pongo en practica, ensenando a los que no comprenden mucho de lo que es la vida, lo que la vida nos ofrese en el diario vivir.

Que es lo que nos motiva en nuetra vida diaria? Cual es es motivo que te hace permaneser en pie? Porque estamos en este mundo o en esta vida que muchos de nosotros no podemos entenderla?.

Que te motiva en tu diario vivir? No interesa que es lo que agamos en nuestra vida diaria, sino tenemos una vision, una meta, un sueno no podemos desarollar lo que buscamos. Hace algunos años atras yo estava en la misma situasion, no savia que rumbo llevava o que es lo que yo queria aser en mi vida. Si alguine en el pasado me hubiera hablado de un negosio talves les hubiera dicho que estavan locos. Para comensar yo no tenia una idea de como era tener un negosio o como comensar, todo el tiempo yo pense que se tratava de invertir una gran cantidad de dinero algo que yo no tenia. Otra de mi razon era que no sabia como trabajar una computadora, se me asia imposible esas cosas no tenia la menos idea como aprender la computadora. Ay muchos de nosotros que talves pansavamos lo mismo. Soy una persona que no termino su estudio, esa es otra de las razones el porque se me asia imposible comensar un negosio. Nunca se me olvidara la primera ves que compre una compuradora, cuando la recevi no sabia como prenderla; de pronto le llame a la compania donde la compre para que ellos me giaran paso por paso como comensarla. Creanme que desde ese dia en adelante mi vida fue cambiando poco a poco. Sin temor alguno comence a buscar negosios por el inter-net, yo no sabia como le iba a aser pero lo iva a aser, si tenemos miedo en la vida para comensar algo nuevo que nos va a alludar en varias formas de como cambiar nuestras vidas, hagamoslo sin tener temor a equivocarnos. Eso es poder tener algo en nuestras manos algo extra de que vivir. Todos tendemos a buscar ayuda de ves en cuando o cuando tenemos un problema en mano.

Cuantas veces nos emos puesto a pensar que seria de mi vida si no tuviera un empleo? como boy a cubrir las nesesidades de mi familia?. Estas son unas de las pocas veces que nos hacemos estas preguntas, Todos queremos tener una vida llena de abundansia, pero no todos lo podemos lograr. En mis años de juventud nunca pence en tener una mejor vida, tan solo me conformava con tener un empleo aunque no me pagava suficiente pero con eso estava contento. No savia de algo mejor en mi vida. Por muchos años travaje en racho, despues cuando me di cuenta que mi pago no era suficiente me puse a manejar camiones de carga, le di buelta a todo estados unidos. Yo e sido un hombre que no teme a hacer cualquier trabajo. Cuando un amigo que conosi por medio del internet me presento con un negosio desde mi casa yo de pronto dije si! claro que tendria que invertir una cantidad de dinero para comensar este negosio que me ofresian. Asta este dia tengo mas o menos ocho años trabajando en diferentes negosios en el mercadeo de la red-mundial. Cuando yo comence asiendo negosio desde mi hogar todo parecia ser algo imposible, gracias a los lideres que me apollavan con mi negosio. Es alli donde yo aprendi como trabajar usando el midio del inter-net, e tenido varios negosios en los ultimos años, no todo a salido como yo quiero pero eso no me da motivo de no volver a empesar de nuevo una y otra ves. Aprendi a ser un guerrillero que no se de da por bensido. No me comparo con nadie y tampoco lo are nunca, todo el tiempo sere un triunfador que save pelear por lo que quiere. Cuantas vecese hemos visto un guerrillero que pelea por su vida o su futuro y de pronto se da por bensido? de ninguna manera devemos permetir que algo o alguien benga y derrumbe lo que ya hemos fundado. Yo e mirado como algunos lideres se van asia abajo, biene de pronto alguien y los derrumba asi de fasil. Lo que con tanto trabajo fundaron bino alguien y se llevo lo que abian creado. En la vida tenemos mucho que aprender y mucho que copartir. Le pregunto yo a mis amigos si acaso alguno de ellos tienen metas, suenos, o vision de algo. la malloria de ellos me contestan que no tienen porque apurarse de nada, tienen un empleo donde tienen vacasiones pagadas, tienen todos los benefisios que ellos quieren. Mi respuesta para ellos de mi parte es; la mayoria de la gente en este mundo o en esta vida alguna ves an sonado tener algo que les encantaria poder tener. Algunos tienen metas, otros tienen una vision. Yo como amigo les propongo ayudarles en lo que sea, con el fin de que ellos puedan lograr eso que buscan para sus familias. La gianza es algo muy impotante en nuestra vida diaria, sin alguna gianza de alguien quien pueda ayudarnos en lo que buscamos no podremos obtener las cosas que buscamos o que queremos para nuestro futuro, nuestro futuro es la familia. Dios nos dio una familia y la obligasion de nosotros es guiarla por un buen camino dandoles un buen consejo. Algo que no tiene presio, de la misma manera eso es como los lideres berdaderos necesitan hacer. Un lider se interesa en su grupo o su organisasion. El lider que ami me introdusio con el mercadeo de la red, me a ayudado en barias areas de negosio, este amigo mio hoy vive en alaska. Por barios años yo e pasado horas leyendo libros de educasion, la educasion es algo que todos nesesitamos. A mi me intereso aprender sobre el negosio de red-mundial, el mercadeo no es algo muy fasil que digamos; muchos de nosotros entramos al negosio pero no todos sobrevivimos, entre todo esto hay mucho de en que pensar. Recuerdo muy bien cuantas horas me pasava estudiando las presentasiones que yo aun abia atendido,

Yo tambien queria un dia poder hacer o tener una presentasion como estas que mis lideres ya tenian en mano. Un maestro de educasion pasa por muchos estudios, no solamente en lo que el ba aser en su vida; el tiene que pasar otros estudios en caso de que lo nesesiten para ensanar otras clases. En mi juventud yo pase muchos años trabajando en rancho, yo no naci para eso; pero eso es lo que asia mi padre y eso es lo que yo aprendi de el. Despues de muchos años, mi hermano mayor comenso una profesion que a mi nunca me llamo la atension, pero al pasar unos cuantos años me fui dando cuenta que el ya estava viviendo una vida mejor de lo que el tenia antes. Un dia el me inbito a un biaje con el, y me gusto la idea. Fue alli donde me di cuenta que tambien yo queria aser lo mismo que el estava asiendo. Todos aprendemos de alguien, y mas cuando se trata de tener o vivir una vida mejor. Un sabio no nace, un sabio se ase; Yo pase por muchas clases, muchos maestros y muchos libros que leer. Esto es lo que se llama vivir una vida real, nesesitamos mirar la vida tal y como es; no tratemos de vivir una vida imposible. Todo se puede hacer en esta vida que tanto queremos, solo cuesta de tener fuerza y valor para enfrentar el mundo tal y como es. No permitas que alguien o algo te distraiga de lo que tu suenas un dia tener. Piensa en tu futuro y en tu familia, tu futuro es tu familia. La biblia dice, que planeemos para nuestro futuro, nuestra familia, para las generasiones que aun estan por benir; para que ellos no pasen por lo que nosotros ya pasamos. Nosotros como padres tenemos mucho en que pensar, y en que planear. El que no planea atras se queda, La gente triunfadora todo el tiempo busca la oportunidad de ayudar a alguien mas. La gente sin triunfo pregunta que ay para mi en eso??

Que es lo que buscamos en nuestras vidas?

1. Sabiduria?
2. Entendimiento?
3. Conosimiento?
4. Entrenamiento?
5. Ensenansa?

1. Recordemos que la sabiduria no nace o se compra, la sabiduria se aprende. No todos estamos dispuestos a poner atension en lo que el maestro esta por ensenarnos. Tenemos lideres que estan listos para ensenarnos lo que no savemos o lo que no podemos entender sobre el negosio que queremos tener o queremos comensar.

2. Todos tenemos entendimiento, mas no todos tenemos la capasidad de entender al momento que estamos ecuchando a la persona o personas que estan dando la clase de negosio. La verdad yo era una de estas personas que no podia entender el curso de negosio en que yo

estava comensando, mas de una ves mi lider se tomava el tiempo en esplicarme paso por paso de que se tratava la clase o entrenamiento.

3. El exito no viene a ti sin tener conosimiento de lo que ases, o estas por hacer. Quieres ser una persona con "EXITO"? Cominza asiendo lo imposible, que al final tu podras mirar que todo es posible queriendo.

4. Pon atension a la clase, lo que tus lideres estan ensenandote es algo que en el futuro tu podras usar. Toma notas de todo lo que tu puedas, estas notas te ayudaran a ensenar a alguien mas en tu futuro.

5. Ensenanza, La ensenanza toma una gran parte de tu negosio, ya sea para estar en una reunion de nogosio a aser una presentasion para tus clientes o tus propios seguidores en tu negosio. Recuerda tu no nasiste ensenado, no pongas peros; si se trata de ensenar a alguin mas. Eso te ayudara en tu negosio, entre mas personas saven lo que pasa en tu negosio mucho mejor, eso ara tu carga mas libiana.

CAPITULO 2

El Futuro

Cuantas vecese nos preguntamos que es lo que queremos o lo que buscamos para nuestro futuro? Recordemos lo que dije en el capitulo anterior, el futuro no es de nosotros. El dia de manana no nos pertenece, manana es de Dios. Nuestra vida es pasajera, no es de nosotros; es solo prestada. El exito de nuestro futuro esta en la palma de nuestras manos. Todos los dias es un exito, cada dia laboral es un exito, Terminaste tu dia como tu querias? Ya esres un triunfador para tu familia, y para ti mismo. Lo que tu aprendiste el dia de hoy practicalo el dia de manana, de asi mismo no se te olvidara jamas lo que ya aprendiste. Un nino que aprende como andar en bisicleta, se levanta de manana dia tras dia a practicar lo que ya el aprendio. De igualmente devemos ser nosotros de adultos, devemos practicar lo ya aprendido. Todo es mas fasil en la vida si savemos lo que estamos ensenando a nuestro futuro; nuestros hijos.

1. Ayer; Pasado
2. Hoy; Presente

3. Manana; Futuro

1. Para muchos de nosotros el pasado no trajo a nuestras vida mas que lamentos, pobresas, fracasos y muchas cosas mas. Porque regresar al pasado? acaso podras recuperar lo perdido?

   La verdad? ya lo perdido queda atras, si se pudiera yo seria el primero que regresaria al pasado, y poder aser lo que no pude aser en el pasado. Hay mas de uno que desearia aser lo mismo.

2. Si ponemos atension en lo que asemos, el presente tiene mucho exito. Tan solo en lo que ya logramos acer en unos diaz atras, o hace unas horas. Bamos a vivir el dia de hoy como lo que es, un dia lleno de alegria, felizidad, triunfo.

3. Preparemos nuestra vida para el dia de manana, el futuro. El dia de manana aun esta por llegar, esperomos con alegria, tal como una madre espera a su bebe.

El dia de manana te encontraras con alguien que te pueda ayudar con tu futuro, con tu vida! dale esa oportunidad que el busca, de tan solo ayadar a alguien como tu. Alguien que pudiera ser un triunfador en la vida. Tu puedes tener exito si en verdad quieres, no rechaces la ayuda que esta persona te esta ofreciendo. Yo nunca me imagine que en el pasado, estava yo cultivando mi futuro. Todo ese trabajo y empeno que yo le puse a mi lider, y a los maestros que me ensenavan como salir adelante. El esfuerzo que ellos ponian en mi vida. Recuerdo como yo pasaba dias preparando la tierra para sembrar la semilla que un dia se transformaria en un producto. La espera era larga, pero en algunos meces esa semilla salia y dava fruto. Lo que nosotros cultivamos y sembramos en la vida, tarde que temprano dara fruto. Un lugar lleno de piedras y arboles que talvez nosotros pensamos que no tiene uso, biene un ingeniero lo mira, lo estudia,

Lo examina muy bien. Tomando en cuenta en que este lugar talvez no sea de gran resultado, este projecto se tomara meces o talvez años. Despues de aver revisado el terreno, este ingeniero puede darse cuenta que si hay algo en que se puede usar el terreno. La contrucsion comienza con remover arboles piedras y tierra que no se nesesita. Yo e mirado como comienza un trabajo de contrucsion de caminos y de terrenos para construir nuevas biviendas o casa, y tiendas, lugares de comersio. En todo lo que acemos se lleva un proceso, un tiempo que algunos de nosotros lo miramos como perdida, recordemos que el pasado no regresa. Si los ingenieros de camino, los maestros de educasion, los lideres de negosios no planean antes de comensar un trabajo o una presentasion, todo se bendra asia abajo todo por no aber planeado con tiempo. Lo que yo sembrava y cultibava con paciensia a los pocos meces davan demasiado fruto. Todos queremos exito, pero no todos estamos dispuestos a tener que pasar por un proceso.

Yo e tenido que pasar por barios procesos en mi vida, si yo hubiera puesto mas atension en mis estudios no hubiera tenido que pasar por tantos procesos. En la vida hay muchas cosas que nos traeran tropiesos, no dejes que estos tropiesos te detengan de aser o seguir adelante con lo que tu aun tienes planeado para el futuro de tu famila. El camino es largo y tiene muchas salidas, no salgas solo porque te sientes cansado y sin fuerza de seguir adelante. La paciensia es muy importante, algo que no todos podemos soportar o que simplemente no la tenemos. Queremos exito pero no queremos esfuersos, queremos todo fasil. El esfuerso es el prinsipio del exito.

El exito tiene un presio, El presio es estar al constante de lo que buscamos. El presio del exito, ensenar a otras personas como ser exitosas tal como nosotros somos. Aprendamos como ser lideres con exito. Pensemos en el futuro de un amigo, un hermano, del besino.

Estamos listos para hacer un cambio? el futuro es manana, la semana que entra, el mes que entra o en un año. Hoy es el dia de comensar para cosechar el dia de manana. Una persona que tiene entendimiento de lo que mira y lee en los periodicos o las noticias por television. Esta persona tiene la capasidad de pensar en el futuro, No mira el futuro pero puede imajinar lo que puede tener si tan solo ase el esfuerso para conquistar el mundo y la vida tal y como es. Una vision, Un sueno, Una meta, cuantos de nosotros tenemos cuando menos una de estas oportunidades? si nos ponemos a pensar; estas son oportunidades que nos da la vida. Para mi el escribir este libro nunca fue un sueno, se bolvio sueno cuando comence a escribirlo. Fue alli donde mi sueno comenso a aserce realidad. Es por eso que mi libro se titula," Un Sueno Sin Sueno". Mi sueno es seguir escribiendo libros, tengo mi mirada asia enfrente. Una vision es algo increible, algo que talves muchos no podamos entenderlo. Todos queremos obtener algo en nuestras vida sin tener metas en la vida, necesitamos tener metas para llegar mas alla de nuestra mirada. Una persona en una carrera de bisicleta tiene que llegar a la meta o no sera llamado ganador o campeon. Un estadio de futbol tiene metas, una en cada lado del estadio o la cancha de futbol.

Un jugador de basketbol corre con la pelota asta llegar a la meta, la meta es la red, es alli donde el tira la pelota y hace puntos cuando la pelota entra por la red. La vida es como un juego de deporte, todos competimos para ganar, claro que unos ganamos poco y otros ganamos mas! Al final todos somos ganadores, el triunfo no es ganar, el triunfo es saver como jugar. La vida nos pone retos diarios, cada fin del dia somos ganadores supimos como ganar ese reto del dia. Yo me e esforzado mucho para poder llegar a donde quiero estar un dia, poder hacer realidad este sueno tan grande que aun estoy por realizar. Estoy apenas en el comienzo de mi sueno, el comienzo de mi jornada. Se que un dia sere la persona que nunca imagine ser. Ase unos años atras yo tuve barios negosios desde mi hogar, no pude tener exito en estos negosios. Esto me a servido de esperiensia en la vida, algo que hoy puedo usar como ejemplo. Lo puedo usar como practica en el negosio esto lo puedo usar de ejemplo para mi mismo. Aprendi bastante de los lideres que e tenido en todos estos años, Las notas que yo tome en todo este tiempo ahora las estoy usando para mi benefisio.

Todos savemos muy bien que para comensar un negosio se nesesita tener capital, cierto o no? Cuando yo apenas comensaba mis negosios, Un amigo mio y socio en dos negocios todo el tiempo me desia lo mismo, necesitamos tener capital para abrir un negosio, ya sea grande o pequeno. Este amigo mio todo el tiempo se tomaba el tiempo en llamarme por telefono solo para saver como hiba el negosio. Yo aprendi bastante de este companero de negosios. Su nombre es Rick Bufkin.

El fue quien me presento la forma de aser o comensar un negosio, gracias a el hoy se lo que se lleva para comensar un negosio. Rick y yo fuimos socios en dos ocasiones, yo aprendi bastante de este gran lider en los negosios. Atraves de los años yo e inbertido una gran cantidad de dinero en los negosios que yo e tenido en el pasado. Si se trata de tener ganansias en el negosio, yo no tengo temor de invertir cualquier clase de capital para comensar un negosio que me traera ganancias. Como una persona profesional que soy, yo les puedo desir que no hay mejor manera de vivir que tener tu propio negosio. Recordemos que una major vida para tu familia depende de ti! Tus hijos son tu futuro, piensa en ellos. Todos queremos triunfar en la vida, pero no todos estamos dispuestos a pasar por pruebas. Pruebas que para algunos es imposible sobrevivir; el ser un triunfador en la vida es algo incomparable.

Incomparable en el sentido que ya de una ves que eres un triunfador nadie te puede quitar ese gran sentimiento que sientes cuando te sucede lo que buscas en la vida. Pon un reto a tu vida; algo que te de animo para buscar eso que tu quieres, un reto asia el futuro. Pon tu Mirada fija para conquistar el mundo, una Mirada llena de exito, con el tiempo tu podras mirar que todo es possible en tu vida, no en la mia, o en la del besino, en tu vida!. Pon una semilla en tu mente, y con el tiempo tu podras sentir y mirar la diferencia. La mentalidad que nosotros como humanos tenemos nos puede llevar asta el mas alla, la mente es una gravadora si fin. Los ojos es la camara que esta gravando de a diario lo que miramos. Nuestra mente es mas lijera que un rayo del cielo, tus pensamientos pueden viajar miles de millas por Segundo. Tu puedes estar sentado en tu hogar mirando television, de pronto piensas en algo mas, y tu mente ya esta alli en lo que estas pensando. Nosotros como humanos tenemos el poder de controlar nuestra mente, el modo de pensar.

Una actitud es algo que temos desde nacimiento, para donde nos lleva la actitud? Una actitud nos puede llevar a la derrota de tu propia vida y entre ellos tu familia y amigos. Hace algunos años mi actitude era muy diferente a lo que yo en persona tengo hoy. No estoy diciendo que cambie de la noche a la manana, todo esto se tomo de un proseso que yo nunca pence cambiar mi actitud años atras. Pase por barios problemas que me isieron cambiar de actitude, mi actitud antes era mas diferente, yo digo que tenia una actitud mas tranquila, mas serena.

Cuando mi hija era muy Chiquita o muy nina, ella podia brincar sobre mi, y nunca me molesto eso de mi hija. En ese tiempo yo tenia una gran paciensia en mi; era algo incredible como yo vivia antes. Es muy importante saver como controlar la actitud, por barias razones,

1. Destrulle tu vida
2. Destrulle tu matrimonio
3. Destrulle tu familia
4. Destrulle tu porvenir

Una Buena actitud te da mucho que desir, no solamente en tu ser, pero tambien entre tus amistades. Cuando andas por alli buscando un empleo eso es lo primero que mira en ti la persona que te esta entrevistando. Otra forma que cambia tu actitud es aquel miedo que en un tiempo tu sentias dentro de ti. Con una Buena actitud y sin tener miedo alguno tu puedes ser la persona que talves nunca pensaste ser en tu vida. Hace algunos años atras cuando mi amigo Rick Bufkin me presento un mejor medio de como tener un mejor vivir sin tener que trabajar tantas horas por dia. Fue alli donde yo deje el miedo y la mala actitud que tenia antes. Gracias a este gran amigo que yo pude salir de todo lo que me detenia aser algo mas en mi vida no nomas de tener un trabajo regular diario como toda la demas gente. Este lider trabajo con migo en el primer negosio desde mi hogar. Al pasar del tiempo yo fui perdiendo interes en mi negosio, me fui descuidando del negosio que yo con tanto sacrifisio commence. En esto yo fui el culpable de todo!

Me fue entrando la peresa, para todo ponia una escusa. Permitanme desirles que la peresa es tu peor amigo. No permitas que te gane la peresa, cuando a mi me paso esto. Yo regrese para atras siendo una persona molesta con todo, y de nuevo me entro esa actitude que yo antes tenia. Pasaron un par de años cuando en un dia inesperado suena mi telefono. Yo no reconosi el numero de telefono,

Mi sorpresa fue que era aquel amigo que asia tiempo que no savia nada de el. Comensamos a platicar y el noto que yo abia cambiado mi forma de hablar o la forma de comunicarme. Mi actitud era diferente a la que el abia conosido antes. En otras palabras yo abia descuidado mi bocabulario, mi forma de presentarme con el fue algo inesperable para el. El mal bocabulario tiene mucho que ver en cualquier negosio; Este amigo mio es una persona con studio y mas que eso el sirvio al govierno de estados unidos. Estuvo en la marina por varios años. En eso yo le tengo un gran respeto. Ya despues de algunas horas de platica me pregunta que si estaria dispuesto a comensar otro negosio con el y su esposa. Mi respuesta fue esta! En verdad orita no es el mejor tiempo para mi. Yo tendria que educarme otra ves, dejar el miedo atras, y la actitud. Como ya bemos la actitud toma una gran parte en nuestras vidas. Con una mal actitud nunca podremos llegar mas alla de lo que miramos!

Rick Bufkin y su esposa son unas personas muy pasientes con cualquier gente. Estas dos personas se tomaron el tiempo y la molestia en esplicarme todo paso por paso en como este negosio iba a trabajar. Este negosio era algo Nuevo en este pais, aun no tenian literature para presentar a la gente inetresada en el negosio. E ise lo que cualquier otra persona ubiera echo, le pedi a mi amigo unos dias para pensar muy bien lo que yo estava por comensar. El estuvo de acuerdo con migo en todo momento. Si se fijan muy bien en lo que dije; para este tiempo ya existia miedo, actitud, y la mala comunicasion. Eso era otro mitivo para mi de no comensar en este negosio asta no resolver este comportamiento que yo tenia.

Tomemos en cuenta que con un mal comportamiento, actitud, y el miedo nunca podremos llegar a donde queremos estar en el futuro. Pasaron dos semanas para cuando yo me comunique con mi amigo, yo estava listo para comensar un Nuevo negosio. Toda via no savia nada de este negosio, o de que se tratava. La cofianza toma un gran rollo en tu vida, yo conosia muy bien a este amigo y sabia que no me iba a defraudar. Mi fe en este amigo tambien tomava un gran lugar, sin fe no podemos aser nada o muchas cosas. Se llego el dia de que nos juntariamos para hablar de este negosio que mi amigo tenia para mi. Me esplico todo el proseso del negosio, las ganansias que yo pudiera tener si me desidia a comensar el negosio. Despues que me esplico le pedi unos minutos para pensar y aser una decision tocante el negosio. Yo tome unos minutos sentado afuera del local donde estavamos. Regrese para la mesa donde estavamos sentados, y sin el preguntar nada yo le dije que estava listo para este Nuevo negosio.

Yo sabia que tendria buenas ganancias en el negosio, y no espere mas. En ese instante yo page el proseso del contrato, el inisio del paquete que yo estava comprando. Para este momento yo ya abia dejado atras el miedo de comensar otro negosio en mi vida. La cosa no es como comensar un negosio, eso es cuando aserlo. Nadie esta obligado a comensar algo que no quiere, hay personas como yo quien si estan dispuestas a todo, siempre y cuando tengan un capital en mano. Como les contava antes, yo e tenido varios negosios tengo la esperiensia de como comensar y trabajar un negosio.

Perseverancia

La palabra perseverancia tiene muchos terminos, dependiendo en el modo que la estamos usando. De alli biene la dedicasion o firmeza, buscamos perseverancia, ser un triunfador o un ganador en lo que haces de diario. Cada dia que amanece sales de tu hogar con firmesa de que vas a triunfar en tu dia, este dia que ya estavas planeando el dia anterior. Con ese valor de humano que llevas dentro de ti, ese poder que te hace sentir una gran persona. Todos somos una gran persona en la vida, lo que pasa es de que no todos lo podemos demostrar tal y como queremos. Quieres ser mas de lo quieres? Deja el temor atras, La perseverancia te da o te permite encontrar esos logros que buscamos en individual. Cada uno de nosotros llevamos eso por dentro es solo tomar unos minutos o tiempo para reconoser lo que tenemos dentro de cada uno de nosotros como humanos.

Deja que la perseverancia que tome parte de tu vida, date valor a ti mismo no te rindas de eso que tu quieres o que buscas. Desarrolla nuevas tecnicas para superar esos obstaculos y aprendas de los errores anteriores. Seamos personas perseverantes para lograr las areas que nos trae el diario vivir. Seamos optimistas pensamos positivo, asi mismo podremos conseguir una autostima muy alta y la capasidad de autocontrol. Tenindo el control en tus manos puedes hacer lo que tu quieras, cunatas veces tu quieras. Una persona triunfadora no permite que le digan "NO PUEDES". Mas de una ves a mi me an dicho barias personas que 'no puesdes'. Mi respuesta para ellos es la misma, no me digan que no puedo, cuando yo se que e logrado tener exito en mi vida. Preguntenme y yo les doy la respuesta apropiada. En mi pasado e tenido obstaculos que trataron de detenerme o cambiar mi modo de pensar, dentro de mi llevo una semilla plantada, esa semillita nadie me la quitara. Eso es mio para siempre, eso se llama perseverancia, ser una persona terca en lo que quiere o lo busco para mi vida. "Para empesar un gran preyecto hace falta valentia, Para terminar un gran proyecto hace falta perseverancia." Esto es lo que dijo {Ludwig van Beethoven} La manera esencial que distinge a un hombre digno de llamarse asi es la perseverancia en las situaciones adversas y dificiles. Todos somos dignos de tener algo nuestro, Yo tengo la dicha de desir que soy un triunfador en la vida. Para mi el poder dominar el ingles es una bendision de parte de Dios. Eso es mio y nadie me lo puede quitar, soy una persona con exito. La semilla que un dia fue plantada dentro de mi mente hoy comiensa a dar fruto. Un fruto que se multiplicara por años y años!

Espero un dia no muy lejano tambien ustedes puedan resivir esa semilla en sus mentes, gracias a los maestros que yo tuve en el pasado yo pude ser la persona que soy ahora. Recuerdo la maestra Perea todo el tiempo me desia esta palabra "PIENSA" al momento yo no tenia una idea a que se referia. Tubieron que pasar muchos años para poder yo entender esa palabra, todos savemos o podemos pensar talves no como quisieramos pensar pero todos pensamos. Si no fuera porque pensamos, nunca pudieramos hacer nada en la vida. El studio que yo tuve no fue sufisiente como deveria de ser. Es aqui donde entra la palabra PIENSA, pasaron varios años para poder yo aprender lo que es el negosio. El negosio propio es muy diferente a cualquier otro negosio, es muy importante saver como tratar a la gente, mas cuando se trata de hacer negosio con alguien. Un negosio se lleva de mucho pensamiento, tenemos que pensar muy bien en lo que estamos asiendo antes de firmar un contrato. Ya al estar firmado un contrato no puedes quebrarlo, eso te pudiera costar dinero. Cualquier persona de negosios te puede desir lo mismo, como humanos todos cometemos errores. Quien es perfecto en esta vida?. Nadie somos perfectos todos tenemos fallas, unos mas que otros pero todos fallamos. El error mas grande que yo cometi en el pasado es no saver como correr un negosio desde mi hogar. Si alguien me pregunta quien soy, sin miedo yo puedo contestar que soy una persona profesional y lo digo con mucho orgullo. Me siento muy orgulloso de mi mismo, no a sido facil tener en mi vida lo que hoy tengo. Puedo entender que no soy el unico que a sido triunfador. Una ves tuve la oportunidad de conocer a una gran mujer que tambien a sido exituosa en su Carrera de ser una motivadora personal. Esta persona comenso haciendo su negosio desde un telefono en la esquina de la calle. De la manera en que yo lo miro todo es posible queriendo!Todos buscamos una escusa cuando se trata de acer un cambio en la vida. Recordemos que con escusas nunca podremos persevir lo que buscamos. Queremos tener exito en la vida pero no queremos esforsarnos. El esfuerso toma gran rollo en tu vida, recuerda que con un poco de esfuerso puedes tener todo lo que tu deseas tener en tu vida. Si nos esforsamos para comprar un auto porque no esforsarnos para algo mucho mejor que un auto? Recuerda que la perseverancia es un esfuerso continuo. Supera en alcanzar lo que se propone y buscar soluciones a las dificultades que puedan surjir, un valor fundamental en la vida para obtener un resultado concreto.

Todos buscamos resultados mas de una ves, piensa que buscando resultados entre nosotros los humanos ay algo que se llama confianza.

La confianza se encuentra en una pareja que se quieren mucho, la confianza en la pareja es muy importante. Sin la confianza no ay nada entre los dos. Eso quiere desir que tanto el uno como el otro pueden hacer lo que mas les conbenga, salen a pesear solos o con alguien mas. Ya de ai sale el desacuerdo, de una vez entrando el desacuerdo entre los dos, ya comiensan los problemas. Tengamos cuidado en lo que hacemos con nuestras vidas. Busquemos solusion a todo antes de que sea demasiado tarde. Los problemas son como una espina, pueden pasar dias para cuando puedas sacar la espina, mas bien si es muy pequena. De igual manera comiensan los problemas, asta que llega el dia en que ese problema que una ves estava pequeno ya se hiso una tormenta. Todos deseamos que los problemas no existieran, sierto o no? el desear es algo que nosotros como humanos usamos muy seguido. Mas cuando nos encontramos necesitados de algo. Hace tiempo yo deseava bastante poder aser algo para cambiar muchas cosas en mi vida. Recuerdo pedirle a Dios de diario en la orasion, que porfavor me diera eso que yo le pedia tanto. Me pude dar cuenta que con paciensia todo se ace mejor no interesa cuanto tiempo se lleva para tener lo que tanto le pedias a Dios. A como fueron pasando los dias, semanas, meces, y años pude ir encontrando lo que yo desava tanto. Talves en el tiempo que yo queria eso, no era mi tiempo, la paciensia es algo que no todos tenemos en nuestras vidas. Esta es una de las razones en que nos metemos en problemas. Todos cometemos errores, algunos aprendemos de estos errores, si no cometemos errores, no estamos asiendo nada. Yo les puedo desir que e cometido errores en mi vida, pero tambien de alli e aprendido bastante. Se necesita saver como defenderse en la vida, asi bengan tormentas y traten de tumbarnos, estaremos listos para lo que benga en contra de nosotros. Una tormenta puede ser un fracaso en la vida, ya se una perdida de tu trabajo, tu casa, o tu carro. Hace tiempo atras yo pase por todas estas cosas, paresia ser el fin de mi vida. Pero pude levantarme sucudirme y seguir Adelante. Desde ese dia yo aprendi como ser mas fuerte en mi mismo. La vida me a sacudido pero e aprendido a ser baliente y enfrentarla tal y como es. De todo esto que me a pasado en la vida, e aprendido a ser un gerrillero y pelear por lo que es mio, eso que Dios nos prometio. Dios dijo pidan y se les dara, siempre y cuando sea por medio de su hijo Jesus Cristo. Solo basta con una poca de fe y el deseo de seguir Adelante. Ase esactamente cinco años cuando yo me encontrava sin nada, yo abia perdido todo de la noche a la manana. Esto es lo que yo pensava de diario, que ba a pasar con migo ahora que lo e perdido todo. Lo que mas me apurava era me hija, no teniamos donde vivir, mi hija y yo quedamos en la calle. Mi hija me desia, todo ba a salir bien papito. Yo finjia estar bien, sonreia para mi hija pero por dentro estaba destrosado.

Dios me amava y solo me estava poniendo en pruevas, la fe que sentia profundamente me sostuvo vivo y en pie. Dios tenia sus planes para mi, algo que a la ves no podia entender pero el savia lo que estaba asiendo.

De pronto encontre un trabajo que me dio mas de lo que yo habia perdido antes. Queremos tener exito pero no asemos nada para tenerlo, queremos tener bendisiones pero no nos humillamos. Si en berdad nos ponemos a pensar, el triunfo, el exito, las endisiones, todo biene del cielo. Hace muchos años atras yo queria de todo Corazon tener sabiduria en como ser una persona impotante o simplemente una persona de negosio.

Yo sabia claramente que era mucho pedir para mi, porque yo no tengo educacion. Lo que yo se lo aprendi en la Universidad de la vida. Yo no termine mi escuela, a temprana edad desedi dejar la escuela, yo pence saver todo lo que se nesesitava en la vida o para el futuro.

Nunca me puse a pensar de que un dia necesitaria de tomar otro camino asi al future, un cambio de vida. Todos temos un metodo diferente para resolver nuestros problemas o cualquier otro problema. El metodo que yo encontre fue, mantenerme calmado tener un control antes de seguir Adelante. Mantener un control tal ves no es facil para muchos de nosotros, pero ay peronas que te pueden alludar en ese sector. El tiempo que yo tengo como empresario e tenido alguien que me ayauda en cualquier problema que yo no pueda resover solo. Cualquier empresario te puede desir lo mismo, por eso se llama un equipo, o un prupo en el negocio. Algunos con algunas ideas tan simples pueden boltear su consepto en companias con un gran exito.

Hoy en dia tenemos unas vidas modernas que todo esta al alcance de nuestros dedos, con tan solo un boton en la computadora podemos encontrar todo lo que busacamos. Pongamos atension en como gira el mundo el modo en que hacemos comensar un negosio. Hay depredator quien se dedican en buscar negosios debiles y hacen todo lo possible para entrar y devorar a estos empresarios deviles. Los lideres que yo e tenido an sido lo mejor que un empresario pueda tener. Las maestras que un dia me ensenaron el idioma de ingles fueron mis primeras lideres La senora Salguero y la Senora Perea fueron para mi de gran ayuda. Que por sierto en ese tiempo o momento para mi no interesava mucho lo que ellas Asian por mi. Hay un tiempo en nuestras vidas donde todos usamos de un lider quien nos pueda dar un gianza que nos ayudara mas delante. Miro como algunos lideres de la corporasion con quien yo trabajo, no pasan la informasion a los empleados como deve de ser. Tal ves estos lideres tienen miedo de perder el puesto donde estan, que en verdad si se ponen a pensar ellos llegaron a donde estan por medio de alguien mas. Estos lideres no nasieron sabiendo lo que ahora saven, ellos aprendieron con el tiempo.

Para los que buscan como hacer una fortuna para donde boltean? La cosa es de que algunos de estos problemas son imensamenta algo conplejado. Algo que asta los mas inteligentes del mundo aun no an encontrado la solusion para esto. Es alli donde esta la oportunidad de que tu tambien pueda aser algo en este mundo. Pon esto en tu pensamiento no permitas que alguien tome tu lugar cuando tu de igualmente lo puedes hacer real. Tus ideas son tu sueno para muchos años benideros. No necesitamos tener una mente o la inteligensia que tenenia Albert Eintein, todos nosotros tenemo nuestra propia inteligensia, lo que pasa es que toda via no hay alguien quien nos allude o nos ensene como sacarle probecho. Que pesaria si alguien te dice, preparate que aqui estoy para alludarte en lo que necesites para que tu puedas superar eso que con gran deseo lo quieres tener? Para todo hay un tiempo, Mi tiempo no fue hace quince o veinte años atras. Hoy es mi tiempo, mi tiempo a llegado para ser quien quiero ser! Y lo que quiero hacer para mi familia no solamente para mi. Recordemos que las bendisiones llegan cuando tu menos esperas. Primero piensa en tu familia y despues en ti. La misma biblia dice que planes en tu futuro, para tu generasion y las que eastan por benir. Trabaja duro hoy, y descansa el dia de manana. Lo que tu fundes hoy en tu vida lo cosechara tu familia, as algo que tu familia podra gosar en el futuro. La familia es lo mas importante de tu vida, tu familia no tendra que pasar por lo que tu pasaste, lo que tu viviste en el pasado.

Ay una cantidad de dinero flotando en nuestro pais, lo peor de todo es que no tenemos el modo de llegar a este dinero que todos podamos alcansar. No ay alguien en el mundo que te pueda desir que ay un limite de donde podemos estar o llegar. Recordemos de el Alfa y la Omega. El prinsipio y el fin, ay un pricipio pero no ay un fin asta donde puedes tu llegar en tu vida. La unica persona que puede destirte asta aqui, es Dios. El espasio no tiene un fin, porque no subirnos a esta nave? Esta nave llena de oputunidades. Si alguien me ubiera presentado una oportunidad como la que hoy tengo años atras yo de pronto hubiera aseptado. Yo nasi para ser una persona de negosio o un enprendedor, solo era de esperar el tiempo en que ese alguien me presentara una oportunidad o la oportunidad de como ser alguien en mi vida.

Tienes un plan? Pon este plan a trabajar, sin pensarlo mucho. Recuerda que si entre mas piences en este plan tuyo, con el tiempo perderas todo ese animo que un dia existio en ti. Ese espacio que tienes en tu memoria ocupalo con algo que te ara de bien. Este plan te traera respuestas, te traera ganancias en tu negosio, podras tener tanto dinero que no sabras que aser. Manten tu cabeza firme levanta tu Mirada para enfrente ten cuidado de no tropesar. No te dejes llevar por lo que no es tullo, o lo que no te pertenese. Esto no se trata de tener un talento, un telento es algo diferente a lo que estamos siguiendo o buscando para tener una vida mejor. Vivir una vida en abundasia no es contra la ley, siempre y cuando agamos todo como deve de ser," TRABAJANDO" por lo que queremos. La biblia no habla de que no es peacado ser ricos, lo que si es pecado es como usar nuestras riquesas para pisar a los demas.

Yo asta ahorita no e sido una persona millonaria pero e savido como ganarme la vida. Aun que en alguna ves e podido tener mas que alguna gente nunca los e puesto debajo de mi. El saver respetar las leyes del cielo y las leyes de la tierra te trae mas bendisiones. Tengamos la Mirada firme y poner atension al predator{ora}. No pierdas lo que ya as logrado tener despues de tanto trabajo y cansansio, de tu jornada que aun no as terminado. El consepto de liderasgo es eatar al tanto, estar firmes con el grupo. Una prueba solida departe del lider o el maestro es tener contacto con la persona o personas quien estan dependiendo de ellos. Un buen ejemplo, el padre y esposo, tiene que estar constante de lo que pasa en el hogar. De igualmente un lider o persona en el puesto de liderasgo, asi como una persona que esta designada a ser un profesional en motivasion personal. El ser un motivador consiste en barias areas donde el tiene que consentrarse.

1. Tema o temas de el que, el estara hablando
2. El mensaje de oportunidad, aserte entender con el publico
3. Saver como conbertirse en un experto al momento de aser su presentasion.

4. Darte a conoser con el publico, piensa en ellos al momento de estar alli presente.

Todas estas cosas tienes que entender muy bien antes de aser algun error en tu profesion. Todos queremos un lugar en el negosio de ser un gran lider.

CAPITULO 3
El Poder

Todos en un momento buscamos poder, el tener poder en tus manos no significa que puedes derrivar edificios que ya tienen tiempo en pie. Me refiero a las personas que llevan años asiendo esta clase de negosios. Ellos tambien tenian un sueno tal como todos nosotros en el mundo, este sueno es nuestro hoy y manana. Nadie te lo puede quitar lo que quieres aser, es ensanar a otros como aser sus suenos hacerse realidad. El poder de querer hacer las cosas y hacerlas es diferente, si yo digo que boy a aser algo, lo boy a aser, me tomare tiempo en aser las cosas pero las hare. Ay otra clase de tener poder, un juez tine el poder de desidir asta aqui.

En las leyes de la tierra, cuando alguien comete un crimen el juez desedira que sera el siguiente paso. Los seguidores en el negosio se pasan tiempo siguiendo a su maestro para un dia el de igual manera tener el mismo poder que su maestro para poder ensenar. En el plaso de ocho años que yo e estado aprendiendo de los lideres que tienen ese poder para ensenarme y guiarme como deve de ser para que yo tenga exito en mi Carrera de negosios o de ser un dia un gran motivador. Ay una motivadora a quien me gusta escucharla todo el tiempo. Esta mujer solo tuvo studio de primaria, hoy es una gran motivadora yo e atendido sus presentasiones. Asi como ella ay barias personas en el mundo quien pueden ensenarte como llegar a tu meta, o realizer tu sueno. Imaginate que un dia tu no tengas que vivir una vida de rutina, tener que estar en tu trabajo de diario a la misma hora, No seria fabuloso salir de esa rutina? Sigue ese camino a la felizidad, ese camino que tiene muchas salidas fasiles pero ninguna para donde tu vas. Eso se llama distracsiones. No interesa que trabajo tan fasil te ofresca el amigo, no lo tomes. Ese amigo que tanto te quiere, tan solo te quiere ver como el esta viviendo. El no quiere que tu prosperes que tengas una vida mejor que el, la enbidia y los selos nos son Buenos. Si tu pones cuidado esto es esectamente lo que esta pasando entre tu y tu amigo que tanto quieres.

La unica diferiensia entre los que fallan y quines tienen triunfo es el modo en que piesan. Pongamos una poca de atension para poder ser triunfadores. Se un ejemplo para tu hijo. Un ejemplo para tu familia. Entre mas das mas resives, cuando salgas a comer a un restaurante no te detengas en dar propina a lo grande, comportate como una persona rica. Cuando tu des ofrendas a la iglesia donde tu atiendes no te limites, cuando des tus diesmos a Dios, da mas de lo que el require de ti. Con el tiempo tu podras mirar el cambio que ay en tu vida, sentiras un gran cambio en tu bolsillo. As todo esto de acuerdo a tus suenos y podras tener todo lo que tu buscas y lo que tu deseas tener en tu vida. Para este tiempo ya tendras ese poder que no tenias antes, eso que tus amigos no permetian que tu hicieras en tu vida. Ese cambio que tambien ellos pudieran tener si dejaran de pensar negativamente.

Lo negativo solo trae problemas a tu diario vivir, cuando puedas tener lo todo. Piensa positivo y apartate del mundo que te rodea y no te deje crecer en tu creensia, esa creensia que cambiara tu futuro. El poder esta al alcanse de tu mano, solo tienes que aser un poco de esfuerzo para tener el poder de vivir mejor, el poder de comprar a tu famila lo tanto an querido tener en el pasado.

No importa cuantas veces fracasaste en el pasado, mira para adelante y pon de tu parte para caer en pobresas de nuevo. Lo que tu as fundado es tullo, tomalo con agradesimiento a Dios. Por lo que tu mas quieras en tu vida nunca permitas que todo lo hoy tienes se te suva a la cavesa.

Toma en cuenta todos esos dias que pasaste trabajando duro para poder llegar a lo que hoy tienes estas bendisiones que te fueron mandadas desde el cielo. Ay muchas cosas que me asen pensar en lo que yo tengo hoy en mis manos; Yo puedo mirar mi futuro donde estare en unos cuantos años. Tengamos en mente que todo esta al alcanse de nuestras manos todo lo que tu quieras tener depende de ti en como y cuando comensar ese cambio en tu vida. Queremos pelear por algo que nos pertenese algo que cambiara nuestras vidas para siempre, bistete con esa armadura de hombre que pelea contra el enemigo. El enemigo que trata de detenerte de hacer cambios en esa vida rutinaria que vivimos. Cuando hablo de la armadura me refiero a que necesitamos estar alerta a los tropiesos que tendremos en la vida, camina con la frente en alto que la gente mire ese cambio en ti. Tu forma de pensar jamas sera negativo todo ese poder que llevas por dentro dejalo salir. Date tu mismo esa livertad que un dia tu buscavas la armadura y el poder que llevas en ti te cubriran de toda esa energia negativa que ronda por alli solo para destruir a la gente con actitud de progresar un dia.

La palabra "PODER" tiene mas de una definision en el dicsionario. El poder que llevamos por dentro de nosotros para querer hacer mas de una cosa a la misma ves se define como tener fuerza sin limite alguno.

Despeja tu mente y deja que haga su trabajo tal y como esta programada, no se te olvide que para este tiempo tu memoria y mente aun ya la tienes programada en hacer todo a tu manera. Tu tienes el poder de como usar tu tiempo; algunos de nosotros hablamos de mas y otros menos. Cada palabra que sale de nuestra boca puede ser para bien o para mal. Una persona con inteligensia puede usar las palabras que salen de su boca para educar a sus seguidores o su grupo como quieramos llamarle. Yo personalmente le llamo grupo, talves tu forma de identificarte sea diferente a la mia pero todo termina donde mismo. Recuerdo años atras cuando apenas yo comensava mi primer negosio el lider que yo tenia en ese tiempo juntava todo su grupo y nos hivamos para los eventos de entrnamiento. Biajavamos casi tres horas de camino o sea seis horas de hida y buelta. Regresabamos a nuestro hogar pasado de media noche. Eso es tener animo de lo que estas siguiendo lo que buscavas ase tiempo atras. Todo lo Bueno que te muestra el presente tomalo no dejes ir esa oportunidad que tal ves nunca regresara. Aprende a vivir el presente con alegria, as planes para el dia de manana que es el future. Manten esa sonrisa en tu rostro no importa que toda la gente hable de ti. Da a la gente algo que desir de ti, con una sonrisa de lado a lado. Aprendamos a ser felices con lo que tenemos en nuestras vidas. El respeto comienza en la forma que actuamos en esos jestos que sin querer hacemos y por desgrasia la gente lo mira. Nadie en este mundo es perfecto manten esto en mente no se te olvide.

Ay en el mundo alguna gente que con un poquito de mal comportamiento que mira en cualquier persona eso la hace pensar que no esta en el lugar mejor apropiado. Tengamos en cuenta que como lideres y gente de negosio necesitamos tener cuidado en nuestro compotaiento, no interesa donde estemos. El respeto propio comiensa con nuestra actitud personal. De la forma en que tut e portes frente a lagente o tu grupo, de asi mismo tu seras tratado. Lo que tu siembras eso mismo es lo que tu cosechas. Todos queremos respeto pero nadie esta dispuesto en aceptar nuestras propias fallas. Nuestros errores que talves los cometemos sin pensar. Salimos de nuestro hogar en busca de respuestas para nuestro porbenir, no podemos entender lo hay en el camino que llebamos por frente. Buscamos respuestas sin tener preguntas de lo que en verdad buscamos o de eso que estamos siguiendo por el camino estrecho. Queremos una vida mejor una vida que no nos cueste tanto trabajo encotrarla. Recuerda que todos llevamos algo por dentro, ese algo se llama "PODER" tanto tu como yo tenemos esa livertad de desidir por nuestra propia cuenta en todo lo buscamos y lo que queremos para nuestro bien. Yo no me considero una persona sabia, pero sit e puedo desir por experiensia propia que eso que todos buscamos no caera del cielo como la llubia. La vida para mi no fue un jardin de rosas, desde nino mi padre me enseno a trabajar mis hermanos y yo acompanabamos a nuestro padre despues de la escuela y por los sabados en la manana. Atraves de todos estos años en que mi padre nos ensenava a trabajar y como ganarnos la vida fue algo bonito algo que no toda la juventud de hoy en dia pueden hacer con sus padres de la forma en que mis hermanos y yo lo pudimos hacer. Yo bengo de una familia humilde creados en el rancho, trabajando largas horas bajo el fuerte sol y temperaturas muy frias en el inbierno.

Gracias a mi padre que nos enseno a como valorar nuestra vida y el medio de como ganarnos el diario vivir. Yo no tengo nada que reclamarle a mi padre, el me enseno como trabajar en el campo, eso es lo que su padre le enseno a el cuando era nino, y eso es lo que el nos enseno a mis hermanos y a mi. En esta casita pasamos nuestra nines mis hermanos y yo.

Hace casi 40 años en que mi familia y yo salimos de esta casita que un dia fue nuestro hogar. La vida trae felisidad, cambios, alegria, algo que no todos podemos hablar de ello.

Hagamos memoria de nuestro antepasados que de esto salga algo Bueno para el futuro. Este sueno que mi padre tenia en el pasado se hiso realidad cuando el se bino para este pais. Mi padre no benia buscando riquesas, el benia en busca de dar una mejor vida a su familia.

Asi como mi padre un dia tuvo una vision de igual manera yo tambien tengo una vision. Una vision que con el tiempo cambiara la vida de mi unica hija y mi vida. Recordemos algo que dije al prinsipio de el capitulo todos tenemos poder para hacer de nuestra vida algo de buen probecho. Con el poder que llevamos dentro de nosotros podemos cambiar nuestro destino para siempre, eso lo aprendi yo de mi padre algo que el nunca lo dijo a nadie de su familia. La hobras dicen mas que una palabra en vos alta. Nuestros echos hablan mas fuerte que nuestras propias palabras. Trata de hacer todo lo que tu puedas en tu poder para alludar a tu familia, tus amigos, tu propio futuro. Aprendamos a respetar nuestras propias desisiones nuestras metas y suenos.

CAPITULO 4

El Respeto Propio

La sigiente ves que mires a alguien en problemas, no seas de esas personas que boltean la cara y siguen Adelante. Todos buscamos y queremos bendisiones, pero se nos olvida que no estamos haciendo lo que Dios quiere de nosotros como humanos. Podemos pasar largas horas horando de rodillas frente a un altar pero eso no cambiara nada si no comensamos con hacer el bien a nuestro projimo. No hay necesidad de que busquemos respeto y bendisiones. El respeto lo resibimos con el modo de actuar frente la gente, las bendisiones las resivimos cuando hacemos el bien. Atravez de los años yo e podido hacer barias cosas que tal ves no toda la gente sin estudio a podido hacer asta el dia de hoy. En mi pasado e tenido mas de una persona quien me motivo para que yo pudiese llegar a donde me encuentro hoy. No me fue fasil poder llegar tan lejos y tantos años que an pasado en mis años de joven cuando yo aun estava en la escuela aprendiendo el idioma de ingles, recuerdo las maestras Salguero y la maestro Perea todo el tiempo me desian que pusiera antension porque un dia yo necesitaria del idioma ingles. Ellas fueron de gran motivasion para mi en esos años. La motivasion puede llegarnos de cualquier persona no ineteresa donde estemos. Hay veces que buscamos la fe en algo que tal ves no valga la pena. Cuantas cosas tenemos que mirar o experimentar antes de aser algo por nuestra propia boluntad? Por algo tenemos en nuestras manos algo que se llama tiempo. Puedes ir caminando por la calle platicando ensilensio en tu mente, de pronto miras algo que te llame la atension algo que te quita de pensar a solas. Esos recuerdos que apenas unos dias atras abias vivido. Nuestra mente trabaja de diferentes modos, habre tu mente dejala respirar ay mucho en que pensar. No malgastes tu tiempo pensando malas tonterias algo que no te benefisia ati o tu familia. El tiempo perdido ya no regresa aprende a usarlo sabiamente. No contrullas piramides falzas, contrulle un Castillo de oro en tu mente. Ese Castillo de oro te mantendra en pie; trabajaras duro para no dejar que este Castillo se manche con obstaculos negativos. Aqui es donde tu podras usar esas armaduras que cubriran en ti tu mente y la mente de tus seguidores o tu grupo.

Procura no perderte esa oportunidad de compartir esas holas llenas de vibrasiones positivas. As esto a menudo que nunca jamas tendras ningun problema con comunicarte con tu grupo. Tu podras mirar que despues de tanto intentar y trabajar en un grupo unido todo sera un exito. Tanto tu como tu grupo saldran ganadores en esa batalla que tanto les costo llegar a esa meta que un dia pusieron en su mente. Nuetra mentalidad positive es el escudo que nos proteje del enemigo esen enemigo que esta dispuesto a pelear contra nosotros los que ya emos sido ganadores triunfadores en la batalla que se bino contra nosotros ese dia que desidimos tomar nuestro futuro en nuestras manos y pensar en el mas alla. Por lo cuanto devemos estar conscientes de que en lo menos que esparamos pudieramos ser derrumbados de nuestro muro donde un dia llegamos cargando con nosotros ese poder de triunfadores. No seas como yo lo fui un dia, tratando de competir con migo mismo sin olvidar el pasado. Cuando ay un grupo junto con tigo en esta Carrera que un dia comensaste, no solamente tu eres la unica persona que a triunfado. Eres untriunfador porque tenias alguien a tu lado quien te estuvo alludando como tu consejero.

Nunca me olvidare de todos esos tiempos enque yo resivia entrenamiento departe de mi lider y su grupo quien para este tiempo ya estavan muy adelante de mi. Ay un tiempo donde todos tenemos que pasar por una clase de entrenamiento para poder aser una diferencia un tu propia vida.

Todos buscamos exito pero no todos podemos con todo el peso ensima. Algunos de nosotros nos damos por bensidos aun sin siquiera tratar de llaegar por lo minimo a una de sus metas. La devilidad del ser humano comienza por dentro de cada uno de nosotros. Tu no eres la unica persona con esa devilidad! Tambien yo en un tiempo pase por esa etapa. Yo era una persona que no podia desedir en lo que yo queria hacer con mi vida, estava entre medio de si y no. Pasaron muchos años para cuando por fin me desedi en lo que yo en verdad queria hacer por el resto de mi vida. Durante este tiempo que paso, pude mirar como algunos de mis amigos abansavan con sus negosios mientras yo me quedava cada dia mas atras. Yo era una de esas personas que mejor prefieren trabajar ocho horas por dia llegar a su casa y sentarse el resto del dia solo a mirar television. Asi como yo hay mucha gente en el mundo entero que nos estan dispuestos a cambiar esa vida de rutina. Yo le doy gracias a los consejeros que tenia en ese tiempo los lideres que nunca se olvidaron de mi. Soy una persona afortunada que no importo que me aiga dejado llevar por esas decisions de seguir trabajando cuarenta horas por semana y no estar completamente desedido a seguir ese negosio que un dia avia comensado y lo havia desatendido por largo tiempo. De la forma que miro este milagro, Dios tenia todo planeado cuando yo quise correr y alejarme de lo que yo un dia habia comensado. Solamente los cielos saven porque pasan las cosas de tal manera. Se dice que alguien sigue tus pasos para donde quiera que tu ballas. Yo puedo desir que todo es muy sierto, ay alguien quien cuida de ti, y de mi todos los dias. Cuando menos esperamos hacemos lo que menos pensamos como humanos. Somos unos necios en aferrarnos a lo que no es de nosotros. Pongamos atension en en lo que hacemos, no descuidemos lo que tenemos en nuestras años.

Siempre hay alguien que no duerme, el enemigo siempre anda suelto buscando a quien devorar. Recuerda lo que dije antes, ponte esa armadura y toma el escudo de gerrillero. Aprende a defenderte con palabras positivas. Aste ver entre la gente que te rodea no seas un hombre invisible. Yo te puedo desir por esperensia propia, y no todos podemos luchar contra el enemigo si no estamos preparados. Ase unos años atras cuando yo era chofer de camiones de carga en la oficina del trabajo me encenaron como aser el trabajo de oficina alli fue donde yo aprendi como tener un control de ventas y llevar una cuenta del inventario. En ese tiempo aprendi a mirar las cosas de diferente modo el pensamiento que yo llebava por dentro ya no era el mismo. En los mejores tiempos es cuando tenemos que hacer lo que tenemos frente de nosotros no dejes ninguna oportunidad que se balla de tus manos.

En el mundo que vivimos hoy en dia, hay mas negatividad que lo positive. A caso eso es lo que nos ensenaron en la escuela? Yo creo que la mayor parte de lo que aprendemos en estos dias es algo contagioso que biene de la humanidad.

No tenemos que ser un genio para figurar las cosas que se bienen contra nosotros. Donde quedo todo ese orgullo que en un tiempo llebavamos dentro de nosotros? La sociedad en que vivimos ya no nos permite hacer lo que haciamos en un tiempo, la livertad de hablar en public lo que sentiamos por dentro se a terminado por completo. La confianza de pasar un tiempo con la juventud se a terminado. Hay muchas cosas que se nos olvida como lideres de nuestra propia familia. Un lider por mas astuto que sea, no todo el tiempo podra controlar su grupo simplemente porque todos tenemos el poder de desidir por nuestra propia manera ser quien somos. Lo que si podemos hacer como lideres es sugerir a los nuestros algunas cosas que nos pudiera alludar en el futuro. Cuando somos jovenes no pensamos en lo que esta por benir, o lo que eata por llegar a ti. Como adultos somos responsables de esta generasion que apenas esta por comensar la vida. Pongamos un buen ejemplo a la juventud de hoy, ellos son nuestro futuro. Es algo que cuando yo estava en mi juventud pude aprobechar con algunos miembros de la iglesia donde yo atendia en esos dias. Todos queremos ser mejor que los demas pero no todos estan dispuestos a cambiar el modo de pensar o su actitud frente a tu projimo. Todos queremos ensenar pero nadie lo hace. Tenemos muchas cosa en nuestra mente que se nos olvida como alludar la gente que necesita de nuestra alluda.

Por ninguna manera devemos rendirnos solamente porque tu plan no esta saliendo como tu planeabas. Si te das por bensido ya eres un perdedor, no saves como pelear lo tuyo eso que un dia comensaste con mucho sacrifisio. Un enprendedor que lleva por dentro toda esa energia y el poder de ser un triunfador jamas se da por bensido asi bengan tormentas y traten de tumbarlo el sabe como sostener su balance.

El triunfador mas fuerte del mundo seras tu! Por la simple rason que as podido sostenerte en pie. Nunca te des por bensido no importa que tan pesada sea tu carga. El rico no nasio rico el se conbirtio rico cuando comenso a trabajar en ese sueno que paso por su mente un dia. El rico ensena a su familia como ser ricos, El pobre ensena a su familia como sobrevivir. Yo te purdo desir que para me no lo a sido nada de facil, pero e podido sostenerme en pie. Mas de una ves me e caido pero me buelvo a levantar. Nadie puede quitarme ese sueno que un dia entro en mi mente y a tomado control de mi destino. En todo este tiempo me e dado a respetar mas que nunca, no estoy disiendo que en el pasado no supe respetar. Lo que pasa es de que a menudo que yo e aprendido a ser una persona de mejor vivir, una persona con exito en la vida, una persona conosida como triunfador en mi Carrera tengo que darme a respetar. Un consejo; Date a Respetar y Seras Respetado. El respeto no se compra en la tienda de la esquina el respeto se gana.

Tienes respeto propio? Comparte un poco con aquellos quien no conosen o saven lo que es tener respeto. No solamente entrenes tus seguidores como tener triunfo en la vida. Ensenales tambien como tener respeto, que ellos tambien aprendan a respetar no solamente a ellos mismos como gente de negosio sino tambien a la gente que los rodea. Seamos un buen ejemplo para los gerilleros que aun estan por llegar. Ten cuidado con quien pasas tiempo, no sea que alguien benga y derrumbe; lo que ya comensaste con el sudor de tu frente. No permitas que el ladron benga y te robe lo que es tuyo. Porque perdemos tiempo en tratar de figurar que es lo que en verdad estamos buscando? Acaso se te olvida que en ase algunos años tenias algo en tu mente? Eso algo esra tu trabajo de que en el dependias para sostener tu familia.

La Expresion Propia

Que ese en verdad lo que tu quieres tener en tus manos? Si buscas dinero es una mala respuesta. Te ofresco entrenamiento y el poder de obtebtener algo que jamas en tu vida abias tenido. Cual es tu forma de expresionar tus sentimientos de persona con buen Corazon o buen sentimiento? Mi propio modo de expresionarme es, sonreir a la gente aun pasando por males que te detienen de aser lo que tu quieres. No escondas esaas cosas que tienes en mente, eso solo te detiene de seguir adelante con tu bien estar. Todo en tu profesion como un gran lider o simplemente la persona que tueres. Aprende a ser una persona de respeto ten control en el modo que tu te expresionas. La expresion tiene mucho que desir de tu propio testimonio como persona professional que eres. Un mal jesto con la persona que tu mas quieres en tu vida puede cambiar todo. Esa persona en tu grupo de negosio que por un error tuyo mira ese jesto en tu cara. Aun que tu no quieras o te guste esa persona se alejara de ti y tu grupo por tan solo un mal jesto de ti. Recuerdas cuando eras un nino? Todo el tiempo te sentavas en la ultima silla de atras. La persona que aun no puede exprecionarse frente la gente no esta lista para tener una relasion con el publico. Creanme que apenas ase unos años atras cuando yo me encontrava en el mismo lugar. No podemos mantener la misma relasion por todo el tiempo. Tiene que aber un tiempo donde todo tiene que tener un alto, sit u no saves como expresionarte frente tu propio grupo a talves con tu organisasion. Tanto tu como yo sabemos muy bien que hay un problema muy serio. La palabra "Afirmasion" quiere desir, en el momento que tu diste tu palabra a la persona con quien tu le diste la mano como un contrato. A ese momento tu firmaste un contrato que ya no te puedes echar atras.

Algunos de nosotros tenemos esa conducta de hacer algo y espues de unas horas o unos dias nos ponemos a pensar si lo que isimos esta bien? Pore so se llama afirmasion. No podemos hacer algo y despues quedarnos con la duda si esta bien o mal. Por lo tanto tenemos la obligasion de tener o tomar una precausion de caer en estas cosas que nos pueden traer problemas en el futuro. La decision que tomamos en nuestras manos no todo el tiempo estan a nuestro favor. Nos creemos unos profesionales cuando queremos, pero cuando se trata de que ay un error no conosemos a nadie. Porque tenemos que ser asi algunos de nosotros, aun siendo lideres, o talves personas profesionales que a este tiempo devemos ser un ejemplo para los demas. No solamente estoy hablando de ti, tambien estoy hablando de mi mismo! En el pasado tambien yo estaba asiendo la misma cosa con mis seguidores.

Aprendamos a ser mas profesionales como deve de ser, no solamente a medias. Queremos cambiar todo a estilo magia, pero todos podemos entender que las cosas no son como pensamos. En el negosio no existe un mago que cambie todo de la noche a la manana. Eso seria algo muy facil y no costaria ningun trabajo. El tener un empleo no solamente basta con estar alli de diario a la misma hora. Hay algo que se llama tener responsabilidad, ser responsables por nuestro dever. El cargo que tenemos en este lugar de trabajo, eso es ser responsable por ese puesto que un dia te dieron en la area en que estas. El tener un cargo en tus manos es mucha responsabilidad, esto es algo que no todos podemos tomar como se deve. En otras palabras el tener un cargo en tus manos es algo que no todos podemos hacer por falta de comunicasion o talvez falta de entrenamiento.

Si nos ponemos a pensar? Todos tenemos las herramientas para hacer algo que nos pueda benefisiar. No desperdisies eso que tienes en tus manos, en frente de ti. Si aun no te das cuenta de eso que tienes y puedes usar para tu propio benefisio? Permiteme desirte que lo que tu vives, lo que tu miras de diario al despertar. Todas estas cosas que hacemos por alguien mas por tan solo unos cuantos de pesos, es la misma herramienta que tu puedes usar para cambiar tu vida para siempre. Yo miro este mundo en que vivimos lleno de herramientas con las que podemos reconstruir lo que ya tenemos, y tambien contruir algo Nuevo que nunca jamas hemos tenido antes. No te limites con esas cosas que tu puedes tener, deja que tu mente y pensamiento te sea la guia de tu prosperidad. Habre tu mente al mundo en que vives deja correr todos esos pensamientos que tu llevas por dentro, sueltalos dejalos libres. Estiende tus alas y cominsa a volar lo mas alto que tu puedas. Desde alla tu podras mirar lo que te as perdido lo que un dia tu hubieras podido tener en tus manos. Por la causa que aiga sido, de no poder ser esa persona que querias ser años atras o de tener las cosas que un dia tu sonavas tener. Todos tenemos el futuro en la palma de nuestras manos, solo basta con un poco de entrenamiento alguien que te ensene como hacer las cosas, como estar al tanto de lo que tu ya saves aser. Un libro ne se habre solo, un libro tiene que se abierto por alguien. Tu y yo somos un libro que alguien un dia habrio alguien escribio algunas ideas que podemos usar. Nuestra mente esta llena de paginas que aun estan sin boltear. Nuestra vida es como un libro lleno de paginas en blanco, comienza a escribir en estas paginas llena tu libro con ese sueno que tu as tenido por un largo tiempo. Escribe en tu memoria lo que tu estas buscando.

Eso que tu as buscado por un largo tiempo no caera del cielo, tienes que ser tu el que haga todo lo posible en tener eso en tus manos. Toma control de tus suenos eso es tuyo descubre lo que tu quieres. Toma tiempo para analisar las cosas, Toma tiempo para estudiar tu mente.

Analiza muy bien esos pensamientos en tu mente, pon cuidado en tu decision, esa decision que estas por tomar. Una mala decision puede traer un numero de problemas a nuestras vidas. Pon atension a tu alrededor, no mires para atras las cosas del pasado no te permiten seguir Adelante. Seria como si alguien pisa tu pie y no te deja seguir Adelante. Una piedra no se mueve sola, no seas como un piedra y permanescas estancado en un solo lugar. Respeta tu propia decision no permitas que un pajaro te distraiga. Recuerda que tu sembraste una semilla un dia, hay un pajaro a tu alrededor que tratara de sacar esa semilla de donde tu la sembraste tratara de quitarte ese broto esa planta que esta por salir de la tierra. Ese fruto que tu sembraste un dia esta por punto de floreser. Recuerda que lo que siembras cosechas! No seas como el sembrador, que parte de la semilla cahia en el pedregal y parte cahia en tierra fertil.

CAPITULO 5
Expresion

Una vision es algo que solo tu puedes mirar, No importa la vision que tu tengas solo tu puedes desidir que ese so que estas siguiendo por un largo tiempo. Mi vision es de poder alludar a todos aquellos quien esten dispuestos a poner atension y aprender algo nuevo. Tengo una vision que no tiene fin, una vision que es para siempre.

Un dia yo sere uno de los mejores motivadores en el mundo, algo que e llebado dentro de mi por los ultimos ocho años y se muy bien que esto se hara realidad. Se trata de tener las ganas y la fuerza sufisiente para llegar asta donde nosotros queremos. Una buena "Expresion" frente la gente que nos rodea significa mas de lo que tu piensas. Un mal gesto puede terminar una relasion, un buen gesto es duradero. Hay barias formas de expresionarnos con la gente y con el mundo entero. Cuando de repente nos encontramos con un ser querido o un amigo, lo primero que hacemos es dar un saludo de mano. Este es un buen modo de expresionarnos con esta persona. Un habraso es otra forma de aserlo mas cuando de trata de alguien a quien amas. Hay veces que nosotros como humanos no nos conformamos con algo simple, si no buscamos algo mejor. Una mejor manera de comunicasion con la gente que nos rodea. No pierdas esa comunicasion de lider que llevas por dentro de ti, al contrario ensena de esa saviduria que as aprendido en los años de empresario. Desata ese poder que as savido ganar con los años que llevas sobre ti como lider! En la vida pueden pasar muchas cosas que nos hacen pensar en porque nos pasa estas cosas.

Claro que no todas las cosas son iguales, algunos tenemos pasajeras que con el tiempo se pueden desborar de nuestro ser. Ay algunos e nosotros que mas de una ves nos hemos aferado a lo imposible. Algo que talves no tengo remedio o alguna forma de arreglar las cosas sucedidas. Atraves del tiempo que pasa, las cosas pueden cambiar si tan solo tenemos una poca de paciensia y respeto por dentro de nuestro corazon. Los sentimientos que llavamos por dentro es algo que de nasimiento tenemos o llevamos por dentro. Los sentimientos son un ragalo de Dios, algo que nadie puede quitarnos. En estos sentimientos entra lo que llamamos "AMOR" todos tenemos y sentimos amor por alguien o por algo que queremos en la vida. El amor, Los sentimientos, y la Expresion tienen algo comun.

El amor no se compra, se gana!

Los sentimientos se tratan con cuidado!

La expresion, se comparte!

El amor se transmite por medio de una sonriza, de un habrazo, de un gesto que llama la atension de cualquier pesona. Algunos de nosotros tenemos la tendensia de enamorarnos de objetos materiales, algo tal ves no tenga algun valor.

Como podemos ganar el amor de objeto que no tiene vida y tampoco siente? Yo le llamo a esto una locura, cuando savemos muy bien que estamos perdiendo el tiempo en ves de ocupar nuestro tiempo en algo de benefisio algo que podemos sacar ganasia. Por desgrasia ay mucha gente que pierde el tiempo en eatas cosas. Recuerda que el tiempo perdido ya no regresa, Ese tiempo que hubieramos inbertido en algo de benefisio para nuestro bien.

Buscamos algo en nuestro camino algo que nos traiga felicidad algo que nos traiga algo en que pensar. Todos tenemos amor a la vida, aprendamos a compartir ese amor que llevamos por dentro. Ese amor de compartir con otras personas lo que tienes en tus manos, en vida. Comparte un poco de eso que as logrado aprende en los ultimos años, Esa saviduria de lider, esa saviduria de maestro en los negosios. El mismo amor que un dia tu sentias cuando apenas comensavas a ser un enprendedor. Cuando tu negosio aun estava comensando todos esos dias que pasavas platicando con tus amigos y tu familia. No seamos agarrados con lo que emos aprendido durante este tiempo, nit u ni yo nasimos ensenados. Todos en alguna ves tubimos que pasar por tiempos difisiles cuando no podiamos dormir pensando en eso que habiamos comensado y pagado una gran fortuna para poder entrar al negosio. El mismo amor que yo un dia sentia cuando apenas comnesava como empresario en mas de un negosio desde mi hogar. Ese mismo amor que sentia yo hace ocho años cuando aprendia como ser una persona de negosio, esa misma actitud la llevo dentro de mi. Esa actitud con un sentimiento que nunca cambiara mi ser, el ser la misma persona con esa misma forma de ayudar a los demas.

Ese deseo que un dia yo buscava tener, esas ganas de poder ser alguien en la vida. Esos sentimientos que yo un dia encontre en mi camino nunca los olvidare. Yo vengo de una familia humilde, una familia que trabajava muy duro para tener lo necesario en su hogar. Todos en mi familia aprendimos a travajar en una edad temprana. Traiamos nuestras ganansias a nuestro hogar de alli salia para pagar deudas y tener comida en la mesa. Esos son sentimientos y memorias que nunca se olvidaran. Poniendo todo esto en juego, tiene savor a un gran exito en la vida.

Un gran exito que no tiene presio, un exito que no tiene explicasion. Soy una creasion que fue echa para hacer una diferensia en la vida de muchos en este mundo. Cuando ballas por la calle y encuentres alguien que necesita de ti? Dale la mano ayudale, tu nunca saves cuando esa persona pudiera ser alguien de tu familia o un amigo querido. No te detendgas de aser algo fuera de tu camino algo no planeado. Una persona humilde tende tener compassion por cualquier persona y cualquier cosa, cuando se trata de ayudar a alguien es la primera en dar la mano. Una mente generosa tiene poder para cambiar una triste mirada con un regalo de sonrisa. Un saludo de mano significa confianza y podemos sentir un poder en esa persona cuando es franca en todo momento. Por desgrasia no todos tenemos cuando menos un poquito de generosidad dentro de nosotros. Algo que yo personalmente un dia aprendi, antes de esto yo no era una persona generosa con nadie, para me todo era yo y nadie o nada mas. La mirada que yo tenia no era mas que hodio contra todo lo que me rodiava. No encontrava savor a nada, la vida era para mi solamente algo que Dios me abia dado un dia. Aprende a ser una persona de una actitud incomparable una actitud de persona con buenas morales y una personalidad que brille entre la gente. Cuantas beces as pensado en cambiar una vida por algo mejor, la vida de tu hijo, tu hija, tal vest u esposo e esposa? Cuando camines por la calle sonrie al mundo entero, no seas esa persona que comio limon.

La amargura en nuestras vidas se puede holer y se puede mirar atraves de nuestro rostro, atraves de nuestro bestir y el caminar. La amargura es contagiosa ten cuidado con quien te relasionas.

El amor a la vida no tiene valor, no deves despresiar lo que tines en tus manos. Ese regalo de alto presio que deves cuidar en todo momento de tu vida. Lo mas hermoso de la vida es la familia, nuestra familia toma primer lugar en nuestro diario vivir. Acazo no trabajar para tu familia? Una perona que vive para su familia recibe bendisiones de Dios, tiene ganacias en grande. Hay beces que se nos olvida quien somos de donde benimos y que rumbo llevamos en la vida. El pasado tiene muchos recuerdos que talves no todos queremos recordar algunos llevamos recuerdos bonitos desde nuestra nines. Yo llevo dentro de mi recuerdos que nunca olvidare. Hay algunas sicatrices que nunca desaparesen, y a la misma ves no quieres ni siquiera acordarte de lo sucedido. Se dice que no devemos vivir en el pasado, lo que pasa es de que no estamos viviendo en el pasado simplemente estamos recordando el pasado. Eso no quiere desir que el pasado se quedo atras para siempre, la mente del humano trabaja de defirentes modos. Nuestra mente trabaja mucho mejor que la memoria de una computadora, la computadora no funsiona sola. El hombre tiene poder para controlar todo lo que esta echo por el propio hombre. Una maquina no puede controlarnos, nosotros controlamos la maquina. Cuando vas manejando tu automovil tu llevas todo el control de tu auto. El saver controlar las cosas materiales te da el poder de ser alguien con talento. El tener un talent ya eres una persona especial, es algo que no todos tienen. Recordemos que los talentos son un regalo del cielo. Por lo tanto no devemos descuidar de este regalo, al no saver como usarlo o de tal manera sera quitado y darselo a alguien quien save como usarlo para el vien de si mismo y de tal manera alludar a alguien mas a resivir un talent como el que ya tienes tu.

La actitud tiene mucho que desir cuando hacemos algo o desimos algo que talves puade hacer daño al projimo. Todos llevamos pr dentro de nosotros algo que se llama sentimientos. Los sentimientos bienen del Corazon, cuando mesclamos los sentimientos con la actitud cambia nuestra forma de ser. El amor a la vida es algo muy bonito si en verdad savemos como destinguir lo que sentimos por dentro.

CAPITULO 6
Una Actitud Duradera

Los sentimientos que llevamos por dentro cuando ay algo grande en nuestro camino se puede mirar en la forma de nuestro comportamiento. Comparte tus sentimientos con la gente que te rodea, no te limites a dar un poco de lo que tu as aprendido en el camino de persona exituosa una persona con gran exito. Recordemos cuando apenas eramos unos ninos en el mundo de los negosios, el mundo que nos estava abriendo las puertas de la oportunidad, esa oporunidad de poder hacer cambios en tu camino de empresario. El mundo de un empresario es algo difrente al mundo de alguien que trabaja algunas horas por dia. No cambies tu tiempo por un salario bajo te aconsejo que busques algo que pueda cambiar tu vida algo mejor de lo que ya tienes. No estoy diciendo que lo que tienes no tiene valor, simplemente lo que estoy disiendo es que no te conformes con menos.

No hagas lo que yo hice con mi vida en el pasado, me conformava con tan solo tener un empleo. Me conformava con migajas de los demas a mi alrededor, el trabajo que alguien no queria hacer yo lo hacia por unos cuantos pesos.

Toma notas de lo que miras a tu alrededor, aprende de tus errores y buelvas a caer en lo mismo. En el camino del exito enfrentaras un poco de todo. Tendras gente quien te diga cosas negativas algo que te hara cambiar tu pensamiento de seguir Adelante con tu sueno con esas metas que te as propuesto. Desafortunadamente ay personas que no haceptan mirar que alguien mejore en la vida. Los humanos tenemos ese egoismo que nos detiene de hacer algo que cambie todo nuestro ser. Mas de una ves cuando ando caminando en la calle por ejercisio, me encuentro con gente que no tienen ni una idea en como ronda el mundo. Es increible que aiga gente como esta en el mundo hoy con tanta tecnologia que tenemos en nuestros hogares. Perdonen me disirles pero yo no soy una persona con diploma de Universidad. Mi inteligensia me a llevado al mas alla de donde yo pensava llegar un dia. La educasion que yo tengo apenas me alcansa para tener un empleo como barrendero o lo que le llamamos conserge, una persona que limpia escusados y ofisinas. La verdad no es cuanta edecasion tengamos, si no lo mucho que savemos y podemos usar todo esto que emos aprendido en la vida. No trates de poner cada escusa del dicsionario para tu propia conbenensia, el mundo esta lleno de gente como tu, gente que trata de manipular su propia vida.

Si en caso que tu no lo savias todo lo que hoy tenemos, son bendisiones del cielo. No importa que hagamos en nuestras vidas para nuestro propio bien, trata de no tener mas escusas en tu mente. Aprendamos a luchar por esa libertad que hay en la vida. Cada uno de nosotros podemos ser libres de mentiras que nos pueden contar por alli. Te aseguro que tendras batallas en tu camino a la felizidad, rumbo a la Victoria.

Todos queremos tener Victoria en nustra vida, una Victoria que tal ves llebamos algunos años buscando esto. La Victoria se gana con el tiempo que tu llevas luchando en esta batalla por algo que es tuyo, el triunfo al exito. La pobresa es como el canser, mas le pones atension mas se desparrama por tu mente. La mentalidad, la forma de pensar de la gente pobre se transmite por aire cada ves que habren la voca y comiensan a lamentarse. El viento se lleva la vos, las palabras, el clamor, el llanto de toda esta gente. Si tu eres como yo, te da lastima por ellos, pero ellos no hacen la lucha el esfuerso de cambiar sus vidas por una vida mejor un mejor vivir. No seas una victim mas de la pobresa, desaste de ese cancer que te esta acavando de poco en poco. El estar pobre es una muerte en silensio, pierdes las ganas de sonreir, las ganas de dormir, las ganas de comer, las ganas de pensar en el manana. Esto es lo que te conbierte en victima de la pobresa solo tu puedes hacer algo para terminar con este cancer. Acaso se te olvida que para todo hay medecina? La medecina para la pobresa seria tomar un libro de motivasion algo que te puede alludar a desedir que es lo que tienes en mente para el dia de manana. Ponte en contacto con tu familia, tus amigos alguien que te pudiera dar un consejo de avivamiento. Hay mucha gente que estan dispuestos a aceptar un consejo, un reto a la vida. Un reto a cambiar quien eres, un reto en hacer algo individuo algo que jamas hisiste en la vida del pasado.

Piensa un poco en lo que haces, lo que dices, todo tiene consecuencias y por ello pagamos muy caro. Todo por no poder controlar nuestra actitud la forma en que nos expresamos.

Alguien a nuestro alrededor esta alerta todo el tiempo, este individuo no duerme, anda por alli solo buscando a quien atacar. Pueda que sea el besino, tu hermano, tu mejor amigo. Nadie pude saver quien habla mal de ti, es importante que mantengas tu escudo firme listo para la batalla. Aprende a ser una persona con respeto, una persona que pueda entender lo que quiere desir actitud duradera. No te moleste lo que la gente dice de ti, siempre y cuando tu tengas todo a tu favor. Aprendamos a respetar la gente que sin saver lo que dicen tratan de molestarte, y de poner cosas en tu mente que tal ves son solamente falsos testimonios. Hay gente que solo se dedican a molestar a quien tiene una vida serena, una vida que no se compara con la vida que ellos estan viviendo. El necio no es feliz y no soporata mirar la felizidad a su alrededor. Es otra forma de robar al mundo sabiendo bien aquien atacar y donde, ellos saven muy bien por donde entrar. Esta clase de gente entrap or el lado devil, por el lado blandito. Con una simple platica se pueden dar cuenta que es lo que estan buscando en la gente de pensamiento positivo. Un ejemplo muy simple, una persona que se dedica a destruir matrimonios no le cuesta nada en comensar una platica de amor. De alli comienza a meterce lentamente a destruir este matrimonio que talves llebava años juntos. Una familia puede ser derribada de la noche a la manana, el ladron no duerme.

Solo pensando a quien destruir camina lento en la oscuridad, un corazon limpio no siente el peligro asta que ya es tarde. Una mente sin malisia no puede detectar la senal de un individuo con malas intensiones. La gente con inteligensia Puede conoser el intento que estos individuos llevan por dentro.

La actitud de los que nos rodean es muy diferente a lo que algunos de nosotros llevamos en nustro modo de pensar. Aprendamos a ser mas amorosos con el projimo, no te detengas en compartir lo poco que tienes. Buscamos tener todo pero no hacemos un poco de nuestra parte para tener eso que queremos. La vida no es como algunos pensamos, nada es gratis, nada te caera del cielo. Tenemos que trabajar para tener un hogar, ropa sobre nuestras espaldas, comida en la mesa para nuestra familia. No compartas tu vida con alguien que solo te trae pensamientos negativos, tratan de detener tu esfuerzo que te a costado bastante en lograr un mejor vivir. Manten esa actitud que llevas dentro de ti. Con el tiempo la gente podra mirar que eres diferente a los demas. Durante los estos ultimos años yo aprendi como ser una persona diferente, como compartir lo que e aprendido.

Lo que sale del Corazon tiene poder para cambiar a cualquier persona, no importa que tan duro tengan su Corazon. Un Corazon sincero y limpio de pensamiento puede reconstruir tu alma. Puede sacar de adentro todo eso que un dia entro a ti, y por causa de eso as cambiado todo tu ser. No tropieces con tu propia sombra, pon tu Mirada en frente no te distraigas con gritar de un nino. No te distraigas con el clamor de alguien con necesidad, ese alguien que un dia pudo aver tenido todo pero se le hizo pesada la carga y se dio por bensido. No tuvo el balor sufisiente para llegar asta la altura donde etavan sus lideres. Para ser un lider no se toma de ser un genio, solo consta de estar firmes listos para ser ensenados por alguien que esta disponible a sus pies. Toma un poco de ese tiempo que a ti sobra y pon atension a estas personas quien estan dispuestas en alludarte ellos te ensenaran como ser lo que tu quieres sere en la vida.

El amor a la vida es algo que talves no todos nosotros podemos entender. Hacemos cosas y desimos cosas que hieren a otra gente, talves lo hacemos sin pensar cuando estamos enojados y un poco fuera de la razon. Vivimos en un mundo donde todo es competencia entre nosotros como humanos. Si tan solo pensaramos un poco mas antes de desir algo que causara problemas entre amigos, entre familia. Vivir en una perfecta harmonia seria mucho pedir, pero todo se puede tan solo poniendo atension a lo que esta frente de nosotros y nuestro alrededor. Caminamos en un mundo lleno de rencor lleno de egoismo. Tenemos algo que nos detiene en barias areas de nuestras vidas, Descubramos quien somos en realidad, tomemos un tiempo libre para examiner nuestro ser. Descubrir lo que llebamos por dentro de nosotros, eso que tanto sentimos por hacer cambios para alguien mas.

Comparte un poco de lo que tu as aprendido, eso que aprendiste con tu lider de nogosios, con el maestro de la Universidad. En donde sea que aigas aprendido, no te detengas en corpartir, se generoso con aquellos quien no tienen lo que tu as logrado tener. En el campo de batalla se alludan uno con el otro, aprenden a protejerse a cuidarse del enemigo. Seamos como un soldado en la Guerra, protejamos y ayudemos a los mas debiles de pensamiento tengamos paciensia con ellos. Todo tiene su reconpensa, con el tiempo ellos seran alguien que tendran tu espalda. Seran unos lideres llenos de valor llenos de furza y balentia sin miedo de enfrentar el enemigo. Ninguna energia negative podra derrotarlos, llevaran ese escudo frente a ellos un escudo de hierro y un estandarte con el signo del "PODER".

Cada uno de nosotros llevamos ese poder por dentro de nuestro ser, un poder que se siente cuando hablamos con el publico. Un poder que se refleja al estar frente a frente con un grupo de gente quien lleva por dentro ese mismo balor que lo hace sentir con esa fuerza de gerrilleros listos para triunfar en la batalla que estan por conquistar.

CAPITULO 7

Quien Somos?

Alguna ves as estado en un lugar donde todo parece ser sierto? Un lugar donde todo es como de un sueno. Depronto todo cominza a cambiar de una forma que ni siquiera te das cuenta en lo que esta sucediendo. No sierres tus hojos a lo que miras enfrente de ti, talves eso es lo que hara cambiar tu pensamiento. Ese pensamiento de en como compartir tu sabiduria con el mundo. Habre tu mente y dejate llevar por tus instintos de persona con un negosio. No te sientas acorralado entre la gente, al contrario sientete libre expresa tu libertad grita al mundo entero quien eres de donde bienes de donde saliste. Se un ejemplo a tus seguidores que ellos miren lo que es la libertad de no tener que esclabisarse en un solo lugar. Tenemos la capasidad de hacer algo que tendra mucho mas balor que un peso en tu bolsillo.

Que ese so que tienes pensado hacer en un año o dos, apartir de hoy? No esperes tanto que ay alguien alla afuera pensando igual que tu, esta persona bendra y se llavara tu sueno tu idea y hara con ella lo mismo que tu tenias planeado hacer. Trabaja con esa energia que sentias ase unos años atras. Saca de ti todo ese egoísmo que aun sigues llevando dentro de ti. Desaste de la energia negativa, no seas como un rayo del cielo en un segundo se funde y queda nada mas que las cenisas. Toma control propio as tu propia decision, solo tu puedes desedir lo que buscas y lo que quieres en la vida. Abre tus alas deja que el biento haga con tu vida lo que mas le complasca. Deja entrar la energia en tu mente y dejate guiar por lo que tu mente pueda desarrollar con cada pensamiento que llevas por dentro. Deja el temor a un lado olvida lo que un dia viviste, lo que no fue antes nunca lo sera. Deja el pasado atras olvida eso y sigue Adelante con un nuevo plan toma la rienda de tu futuro y no te dejes llevar por las cosas faciles, eso te pudiera costar una fortuna. El pasado solo trae amarguras a tu presente, no lleves estas amarguras a tu futuro. El dia de manana es tuyo esperalo con calma no te adelantes a lo que aun tódavia no llega. Vive el dia de hoy con alegria gosa lo que tienes en tus manos, comparte tu alegria con los que te rodean. As que tu energia resplandesca, el resplendo de tu actitud dira quien eres. El quien somos se identifica Tengamospor la forma en que nos comportamos con el public. Da testimonio de ti mismo lo que eres, el quien eres. Tengamos en mente que el public nos califica de distintos modos. El quien somos en el mundo del negosio lleva por nombre, "Profesionales" alguien que por lo que mas queramos tenemos y devemos cuidar nuestro testimonio. La gente califica al mundo entero o mejor digamos, "JUSGA" el mundo antes sin siquiera saver o preguntar que es lo que pasa. Todos y cada uno de nosotros como empresarios tratemos de ser mas cuidadosos con nosotros mismos. No hablemos antes de tiempo, no jusgemos nomas por jusgar. Hagamos nuestro trabajo tal y como deve de ser, toma notas en lo que escuchas entre la gente que te rodea. Se mas listo en la manera de contester cuando se te pregunta algo. Mantente firme listo para el encuentro con aquellos que solo se dedican a molestar. Hace algunos años yo era uno de estas personas quien hasia todo lo que yo podia para molestar a la gente que se dedicava a los negocios. Los empresarios los miraba yo como algo que solo estorbavan en mi camino. Aunque yo no podia mirar en que rumbo llebava mi vida, asi y con todo yo tratava de ser un estorbo para todos estos empresarios que crusavan mi camino. Mi camino sin rumbo, un camino que solo me estava llevando a la destrucsion. Yo era una roca un pilar de cemento puesto alli nomas para distraer a la gente que tenian un mejor vivir que yo. Talvez lo que yo tenia en contra de estos empresarios era celos y envidia por que yo no tenia nada. Bueno lo que yo tenia en ese tiempo era un trabajo tal y comun, igual que la mayoria de la gente que me rodeava. Una vida rutinaria sin algun plan en mi mente una vida sin future sin meta alguna. Esta es la clase de persona que yo era hace algunos años atras cuando no tenia el entendimiento de lo que era tener un negosio, ser un empresario ser alguien que lo podia tener todo sin tener que ser esclavo de mi propio tiempo. Hay mucha gente en el mundo que vive su vida de igual manera que yo lo estava haciendo años atras. Nadie esta obligado a ser esclavo de su propia vida, todos tenemos una salida. La oportunidad esta alli en frente de ti tienes, busca las senales pon atension a lo que escuchas a lo que te dice alguna gente. No te ensiegues y tampoco te hagas el que no oye. No agas tanto ruido cuando estes en busca de un mejor vivir, camina como el casador aslo en silencio da la sorpresa a misma vida.

Permanece callado no te des a conocer asta aun tengas algo que le llame la atension a los que te rodean, a tu propia familia. Es mejor una sorpresa que una burla, es mejor un sueno que vivir con migajas de la vida. Date cuenta y acepta que en mas de una occasion solo emos resivido las sobras las migajas que alguien ya no quiso, me refiero a los trabajos o empleos que alguien alguna ves rechaso por cualquier motivo que haiga sido, te lo esta pasando a ti. Todos tenemos derecho de vivir bien, vivir en abundansia tener lo que queremos sin pensar en el cuanto me costar y si tender sufisientes fondos en banco para cubrir lo que yo quiero. El quien somos? No tiene que ser algo del otro mundo simplemente podemos ser alguien quien lo tiene todo trabajando duro para tenerlo. Pon un reto en tu vida, algo que te pueda ser imposible al pasar del tiempo tu versa que para todo hay una respuesta. No te hagas la vida imposible tu mismo, tan solo pon un poquito de tu saviduria a trabajar. Pon tu mente en libertad deja que viaje asta donde tu quieras, esperimenta algo diferente, mira tu pasado y as memoria de lo que hubiera podido ser si tan solo hubieras puesto mas atension cuando se presentava la oportunidad de cambiar tu futuro. Deja que tu cuerpo sienta la vibrasion de la energia que te rodea, esa energia que por años dejaste de sentir. Solo tu puedes contester eso, el porque descuidaste de esta energia que hace tiempo dejaste ir. Toma una decision en escrito pon esta decision en tu escritorio donde puedas mirla todos los dias. Esto sera un reto a ti mismo algo que te alludara en unos dias, unos meces, o en un año. Esta semilla plantada sera tu arbol de ilusiones, esas ilusiones que tenias tiempo atras hoy estan en una esquina de tu escritorio. Espera el fruto con calma no te des prisa en saver que es lo que pasara. Todo llega a su tiempo cuando tu menos esperas lo tendras todo en tus manos.

La vida mira por uno con un poco de enpeno a tu obra en lo que tu puedas hacer por ti mismo. Conel tiempo tu podras mirar la diferensia en todo lo que as logrado hacer durante todo un año. No hagas pesada tu carga aprende a tomar las cosas con calma y todo te saldra como planeavas. Es muy sierto que tenemos tropiesos en la vida, en nuestros trabajos de cada dia pero todo sucede por alguna rason. No trates de hacer cosas a lo rapido toma tu tiempo y todo saldra como lo planeaste tal y como tu lo querias. No tomes la vida aprisa aprende a vivir un dia a la ves. Planea el dia de manana con esa seguridad de campeon, esa seguridad de guerrillero, enfrenta tus enemigos sin temor alguno.

LLeva tu escudo firme en tu mano derecho, no permitas que el enemigo benga y te derrote. Todo lo que tu construiste en el pasado no sera derribado por alguien que no tiene la fuerza sufisiente para derrotarte asi tan facil. Recordemos que todo esta en nuestro modo de actuar frente la gente, frente al public. No temas hacer algo diferente, algo que cambiara tu vida para siempre. Reflexiona en lo que no as podido consumer en tu negosio, tu vida, tu propio negosio desde tu hogar. Yo soy una de esas personas que en su pasado tenia mas de una escusa para no cambiar su vida rutinaria. Yo estaba en mi propia vida confortable segun yo esta teniendo el tiempo de mi vida, yo era feliz con el empleo que tenia en ese tiempo. Aprendamos a no ser como un codigo secreto, no oculte quien eres, quien quieres ser el dia de manana. El que mas lee, el que mas save mas gana. No porque trabaja mas horas, sino porque pone mas de su parte, habre la boca donde se le permite. La persona que pone empeno a su dedicasion de empresario nunca tendra problema con sus seguidores, y con su grupo que ya tiene formado.

Gracias al creador hoy puedo ser libre de muchas cosas que antes no pude desaser de mi camino. Hoy me siento un hombre seguro en lo que quiero, lo que comparto con el mundo. En los capitulos anteriores le comente que no era algo fasil llegar a una posision en la que hoy me encuentro. Todo tiene su presio, todos pagamos en algun momento o en otro. El ser empresario, el ser un motivador, y una persona que maneja un camion de carga de dia y noche no tiene mucha diferensia. Todos estamos en la misma Carrera, siguiendo un sueno una meta, una promesa. Yo e pasado por eatas tres etapas estas tres profesiones con el fin de dar un mejor vivir a mi familia. No dejes que alguien destrulla tus suenos, ponte firme dejate brillar y cree en ti mismo. Se fijan como yo pase por mas de una etapa para llegar a donde me encuentro hoy. Es tiempo de levantarnos de nuestra area donde estamos comodos, eso nos dara la opotunidad de aser mas en el mundo de empresarios. No Laestoy disiendo que todos tenemos que hacer lo mismo que yo hice o por lo que tuve que pasar. Hay diferentes maneras de hacer un cambio entu vida. Un cambio que no solamente tu saldras benefisiado si no tambien tu familia. Mi intension de aser esto posible es un dia llegar a tu vida, ensenarte lo que yo e aprendido durante diez años tratando de ser un empresario con un gran conosimiento en el negosio de mercadeo. Pon todos tus deseos en pie, comiensa a trabajar en tus metas, tus suenos, en todos esos deseos que tu as querido tener.

Solamente tu puedes hacer esto posible no te asustes con lo que la gente dice por alli. Eso solo lo asen para detenerte de haser tu sueno realidad.

Todos tenemos un proposito en el mundo donde vivimos, abre tu mente dejala que respire, dale libertad recuerda que tu puedes controlar tu mente. Todo lo que tu as aprendido en el pasado esta alli guardado en mente, toda esa energia que as acomulado durante todos estos años dejala salir. La vivrasion que tu as sentido es parte de la energia que llevas por dentro. Cuando tengas reunions, presentasion de negosios comparte de esa energia. Los miembros de tu organisasion podran sentir y mirar la energia, la alegria que tu llevas en tu rostro podran center esa energia que sale de ti cuando ablas con ellos. Deja que brille esa energia que se mire el cambio en tu vida algo que jamas abias tenido. La energia es contajiosa y como lider necesitas compartir un poco de tu energia con tu grupo, ensenales como ser personas con exito personas con triunfo. As esto frequentemente y todos seremos ganadores. Un soldado no enfrenta la batalla el solo, es un ejersito complete marchando todos en linea firmes. Seamos como el ejersito militar bestidos con esa armadura de guerrilleros para poder ganar la batalla. No olvidemos que tenemos metas y suenos que realisar, nuestra jornada aun esta por comensar. Tenemos todo en marcha no caigamos en los pies del enemigo. El enemigo no duerme anda todo el tiempo buscando a quien molestar. El enemigo camina en silensio nadie lo mira, nadie lo oye asta tenerlo en frente ti.

Ten cuidado con quien platicas, a quien le confias tus planes, tus suenos, tus metas.

Cuando camines por la calle mira a tu alrededor, pon atension a la gente pon oido a lo que dicen. De alli tu podras aprender con quien relasionarte. Pon en practica lo que aprendiste en el pasado eso que tu lider te enseno.

CAPITULO 8

La Seguridad Dentro De Ti

Cuantos de nosotros en alguna ves nos ponemos a pensar en el tiempo perdido, el tiempo en que podiamos haver echo algo y no lo hisimos? Estas son preguntas que talves no valga la pena recorder, tratamos de tapar el pasado pero no se puede. Lo que si podemos hacer es poner la mirada en frente y no mirar para atras ver lo que no fue. No te hagas la vida imposible sigue adelante con tu obra, eso que estas por realizer. Toma notas de lo que tu as echo para llegar a donde estas, que tan larga fue la distansia que tuviste que atravesar? Comencemos tratar el mundo con una actitud difrente, algo que la gente pueda mirar en nosotros, seamos uno ejemplo hoy para siempre. Tengamos mas paciensia en nuestro ser, en nuestro Corazon. Juntos podremos benser al enemigo. Podremos benser cualquier obstaculo que se ponga frente a nosotros. Todos juntos como grupo saldremos adelante aremos asta lo imposible para llegar a nuestras metas. Seamos personas con triunfo, con exito, llenos de valor. Yo personalmente toda mi vida e sido una persona que cuando un problema me tumba, tengo la fuerza sufisiente para levantarme y seguir adelante. La energia que llevo por dentro me hace valorar cada dia que pasa. Se como luchar contra la energia negative. Desde de que yo aprendi a defenderme, tome el escudo lo coloque frente de mi para mi propia protecsion. Aprende a vestirte con la armadura del exito, prepara tu mente para la batalla. Transmite los pensamientos que llevas por dentro de ti. Escapate de la esclabitud en que vives. Deja atras todo mal abito que tenias desde tu nines lo que aprendiste de tus amigos. Aprende a vivir la vida con felisidad, no te compliques tu mismo. Disfruta la alegria, sonrie que la sonrisa y la alegria son gratis no cobro alguno. Es mejor dar que resivir, da una sonrisa al mundo y resibiras mil. Da un saludo de mano y resiviras gratitud, Da un habrazo y resibiras amor, Da una limosna y resibiras bendisiones. Cuando des? No des porque te sobra, da porque te sale del Corazon. Las bendisiones llegan del cielo cuando das mas de lo que tienes. Esta es una de las razones en que yo estoy compartiendo lo que sale de mi Corazon y mas. Una oportunidad no se da todos los dias, tomala cuando se da la ocasion, esto talves ya nunca buelva a suceder. Buscamos cosas que talves no sean de gran ayuda, haciendo perder nuestro tiempo. Busca la disiplina leyendo libros que te puedan guiar en lo que tu estas buscando saver o aprender. Tener disiplina en tu persona significa que eres una persona con sabiduria y con inteligensia. Son dos cosas muy importante de mantener en si mismo, eso te alludara a tener Buena relasion con tus amistas y en tu propio negosio. La disiplina te alludara para tener un mejor cresimiento en las areas de comunicasion con tus seguidores y con los lideres de tu empresa. La inteligensia te allude para desarrollar lo que ya tienes comensado y que esta cresiendo dia tras dia. Estas son dos cosas que en el pasado yo no tenia, no podia entender el significado de estas dos palabras. Manten tu modo de comunicasion firme, muestra al mundo entero que todo de puede hacer. Tenindo un poco de sabiduria lo aprendido ya nunca se olvida el entendimiento de como cambiar vidas es algo que talves no puedas entender a lo pronto pero con el tiempo todo sera diferente tu comensaras a mirar tus propios cambios.

No te detengas a contar lo que tienes en tus manos, lo que tienes invertido trabajando con tu grupo de empresarios, y los que aun estan por benir. Cada ves que te detienes a contar estaras perdiendo tiempo, en este tiempo puedes estar ensenando a alguien mas. Hay mucha gente en el mundo que todavia aun no an escuchado que hay mas de una forma en como poder cambiar sus vidas para siempre.

Pon esfuerzo en lo que haces y lo estas siguiendo, no te enfoques tanto en el dia de manana, el dia de manana llegara en benticuatro horas. Consentrate en el dia de hoy, el dia de manana aun es Dios. Tus planes para manana llegaran cada uno a su tiempo. Aprende a tomar cada dia con calma, no te adelantes con el tiempo que toda via no llega. No te apresures a llegar a la meta sin antes aver comansado del prinsipio la linea donde todos cominsan su carrera, un corridor no cemensara primero que los demas. El esperara con calma preparandose para su carrera junto con el grupo. Asegurandose de tomar la delantera poniendose firme listo para la batalla. Es muy importante que te prepares para seguir ese sueno que llevas por delante asta llagar a la meta donde tu quieres estar, el dia de hoy, el dia de manana, o en un año. Todo depende en tus ganas y esos deseos de llegar a ser alguien en esta vida. No pierdas esas ganas esa fuerza que llevas por dentro de ti, esar fuerzas de llegar a la meta y ser un ganador, un triunfador de la vida. Quierete a ti mismo de ti depende la felizidad, y cuando puedas comparte ese amor con alguien mas. Demuestra al mundo quien eres por dentro. Deja que esa energia que tienes por dentro pueda brillar por fuera, si no tea amas a ti mismo no podras amar a nadie mas. La vida es un regalo, amala quierete y quiere a los demas.

Date la oportunidad a ti mismo, de compartir lo que as aprendido en la vida. Una amistad con alguien cambia tu manera de actuar, esta persona talver esta demostrando amor. Esta tratando de ensenarte algo nuevo, te esta asiendo sentir diferente en varias partes de tu vida. Tu vida sera transformada sin darte cuenta lo acontesido, aprenderas a sonreir mas a menudo, podras dar gracias por todo lo que tienes, lo que as logrado tener. Si as logrado acumular sierta cantidad de dinero en los ultimos meces, años, o semanas? Da gracias a Dios por todo esto. Demuestra felizidad con tu familia, con amistades sercanas demuestrales que todo es posible, todo se puede hacer cuando pones todo de tu parte, usa toda esa energia dentro de ti no desperdisies ni un minuto del dia. Esa seguridad dentro de tie so que sientes en tu corazon, es solo un reflejo de lo que se puede compartir estando en una reunion familiar o de negosio. Todos podran mirar tu actitud, tu forma de comunicasion con ellos. Deja el mundo que te rodea sea quien desida jusgarte en esos momentos cuando compartes algo de tu vida, un testimonio sobre lo que as aprendido, es tiempo de compartir tu saviduria con el publico.

Esta es otra forma de compartir lo que as logrado tener, con tu grupo de empresarios, y con tu grupo de emprendedores. Juntos aran la diferensia, juntos cambiaran miles de vidas en el mundo. Si nos ponemos a pensar esto es un don mandado del cielo, no escondas este don, este regalo. Pon atrabajar lo que as resivido y al mismo tiempo comparte un poco. Tu seguridad y felizidad depende de ti mismo, todos en alguna ocasion asemos algo por alguien mas, y eso nosh ace sentir bien nosh ace sentir alegres.

No solamente por aver alludado a alguien, si no porque podemos mirar la alegria en las caras de alguien mas. En capitulo cinco te hable de el "PODER" no simplemente estoy hablando de alguien fuerte. Esoy hablando del poder hacer y el querer hacer algo, nuestra mente es el veiculo que podemos usar para llevar y traer noticias. Con una mente abierta y dispuesta a tomar control de nuestras ideas que llevamos en nuestro cerebro podemos hacer todo lo que queramos hacer. En nuestro cerebro no hay un limite escrito que diga asta aqui llegamos.

No tenemos un callejon sin salida en nuestra cabeza, Miremos nuestra mente como una autopista que no tiene fin. Cada uno de nosotros es libre de pensar y desir lo que nos de la gana, ya sea para bien o para mal. Una persona con buen pensamiento con una mente limpia es libre de usar su cerebro de una forma diferente. Buscamos respuestas donde no podemos encontrarlas, buscamos tesoros donde no hay senales de existensia. Hay veces que nos dejamos llevar por lo que la mente nos pone, sin saver que nosotros tenemos el poder de controlar nuestra propia mente. Si tenemos una mente devil, eso no traera problemas a nuestra vida. Aprendamos a controlar nuestros pensamientos, nuetra mente, nuestro cerebro. No te distraigas con mirar un perrito caminando por la calle. Pon tu vision fija, mira para Adelante pon cuidado al caminar contra la corriente. Ay gente que solo se dedica a distraer una mente con buena direcsion. Es como subirte a un auto sin direcsionales, nadie te dara el pase si esa lucesita de direcsional. Tarde que temprano tendras un accidente. Ten cuidado de tropesar con esta gente de mal intension.

Cuida lo que ya as logrado acumular en tu mente, y en tu vida. En mi vida y en mi jornada e tenido todos estos tropiesos. Mas de una ves e caido asta lo mas bajo que hay en la vida pero logre levantarme sacudirme y seguir adelante. Este es el poder que llevo por dentro, las ganas y las fuerzas de seguir adelante. Tengo una hija que me necesita y por ninguna razon devo permetir que ella me mire por el suelo, yo como padre devo ser ejemplo para mi hija. Espero un dia mirar a mi hija asiendo lo mismo, tal ves mejor que yo. Todo padre de familia quiere lo mejor para sus hijos, una vida mejor, un mejor hogar, un mejor estudio. Es tiempo que salgas de todo eso que te a detiene en hacer lo que tu mas quieres, eso que as buscado por años. Todo tiene su tiempo ay cuatro estasiones en el ano, ay tiempo de sembrar y tiempo de cosechar. Ay inbierno ay primavera, ay berano. Al final todo queda atras en el pasado, es tiempo de trabajar en lo que biene en el futuro lo que se acerca a ti. Es tiempo de salir de esa zona de confort donde solamente estas gastando tu tiempo y el tiempo de muchos a tu alrededor. Comienza a utilizar esa sabiduria, eso que aprendiste en el pasado. Demuestra a ti mismo que tu puedes hacer lo que te as propuesto, esa vision que un tiempo te hizo reflexionar cuando comensavas tu primer negosio desde tu hogar. Esa vision que tenias cuando te presentaron con algo nuevo, algo que nunca pensaste tener un dia. Quiebra esa energia que te detiene, esa energia que no te deja seguir Adelante con tus metas y tus suenos. Esas metas que un dia te hisieron sentir lleno de poder, lleno de energia listo para conquistar el mundo entero. Eso que te prometiste a ti mismo meces atras, o talves años atras. Recuerda que tu tienes el poder de seguir adelante, solamente tu puedes hacer todo lo que un dia planeaste.

Echa fuera de ti todo eso que te agobia, eso que te detiene en seguir Adelante con tu plan de ser un gran lider. Tu puedes ser esa gran persona que tanto as sonado, esa persona que tu quieres ser. Cada estasion del año llega a su devido tiempo. Todas la bendisiones llegan a tiempo, no importa el tiempo en que tu le pediste a Dios por algo. Todo llegara cuando sea el tiempo correcto de resivir las bendisiones. Hay tiempo para sembrar, y hay tiempo para cosechar. El tiempo para cosechar es hoy! No esperes para el dia de manana talves manana sera muy tarde. Si tu no haces alguien lo ara por ti. Vendran los pajaros y danaran todo eso que tu sembraste un dia. Los pajaros se llevaran grano por grano asta dejar nada atras. Todo tu trabajo quedara en nada, solo lamentos saldran de ti. Te sentiras derrotado y no podras culpar a nadie por tus echos. Se te dio la oportunidad de hacer algo para tu futuro, y para tu familia. Recuerda que la amadura que llevas sobre de tie s la inteligensia la sabiduria y el poder de hacer algo por ti mismo, y ensenar a alguien mas como ser triunfador. Un guerrillero no enfrenta al enemigo sin llevar la armadura puesta y un escudo frente de el para protegerse del enemigo. Manten tu pensamiento en guardia, no te dejes llevar por mas fasil en la vida. Al final todo tiene su reconpensa esperala con calma, no te apresures, todo llega a su tiempo. Espero que por medio de este libro puedan aprender algo para benefision propio.

Printed in the United States
By Bookmasters